体育运动

蛙泳 自由泳
WAYONG ZIYOUYONG

主编 兴树森 岳言
　　　王羽　赵振浩

走进**大自然**
走到阳光下
养成**体育锻炼**
好习惯

吉林出版集团股份有限公司 全国百佳图书出版单位

图书在版编目(CIP)数据

蛙泳 自由泳 / 兴树森,岳言等主编.—长春：吉林出版集团股份有限公司, 2011.5（2024.1 重印）
ISBN 978-7-5463-5247-3

Ⅰ.①蛙… Ⅱ.①兴… ②岳… Ⅲ.①蛙泳—青年读物②蛙泳—少年读物③自由泳—青年读物④自由泳—少年读物 Ⅳ.①G861.13-49②G861.11-49

中国版本图书馆 CIP 数据核字（2011）第 081706 号

蛙泳 自由泳

主编 兴树森　岳言　王羽　赵振浩
责任编辑 息望　林琳
出版发行 吉林出版集团股份有限公司
印刷 三河市同力彩印有限公司
版次 2011 年 7 月第 1 版　2024 年 1 月第 8 次印刷
开本 787mm×1092mm 1/16　印张 10　字数 100 千
地址 吉林省长春市福祉大路 5788 号　邮编 130000
电话 0431-81629968
电子邮箱 11915286@qq.com
书号 ISBN 978-7-5463-5247-3
定价 45.80 元

版权所有　翻印必究
如有印装质量问题，请寄本社退换

《体育运动》编委会

主　　任　宛祝平

编　　委　支二林　方志军　王宇峰　王晓磊　冯晓杰
　　　　　　　田云平　兴树森　刘云发　刘延军　孙建华
　　　　　　　曲跃年　吴海宽　张　强　张少伟　张铁民
　　　　　　　李　刚　李伟亮　李志坚　杨雨龙　杨柏林
　　　　　　　苏晓明　邹　宁　陈　刚　岳　言　郑风家
　　　　　　　宫本庄　赵权忠　赵利明　赵锦锦　潘永兴

《体育常识》编委会

主　编　白　刚　刘纪平
副主编　蒋　蓉　林　森　吴宝和　王振民　吉广和
　　　　田兆钟　关根娣　戚玉芬　赵建华　杨雪英
　　　　杨绍余　石正庭　张　强　朱永付　沈凤仪
　　　　李　珊　李桂英　于永芝　杨海英　赵书林
　　　　张桂明　王　彤　魏　崇　高　岳　郑桂芳
　　　　郭连正　崔大连　毛树明　毛炳昆　黄立民

目录 CONTENTS

蛙泳

第一章 运动保护
第一节 生理卫生……………………2
第二节 运动前准备…………………3
第三节 运动后放松…………………8
第四节 恢复养护……………………10

第二章 蛙泳概述
第一节 起源与发展…………………12
第二节 特点与价值…………………13

第三章 蛙泳场地和装备
第一节 场地…………………………18
第二节 装备…………………………20

第四章 蛙泳基本技术
第一节 水性练习……………………26
第二节 身体姿势……………………34
第三节 腿部技术……………………36
第四节 臂部动作……………………43
第五节 呼吸技术……………………47
第六节 完整配合……………………48
第七节 出发技术……………………51

目录 CONTENTS

  第八节　转身动作·····················53
  第九节　结束动作·····················56
  第十节　蛙泳注意事项·················57
  第十一节　提高蛙泳技术的练习方法·······58
第五章　蛙泳基础战术
  第一节　个人战术·····················68
  第二节　国际比赛战术·················70
第六章　蛙泳比赛规则
  第一节　程序·························72
  第二节　裁判·························73

自由泳

第七章　自由泳概述
  第一节　起源与发展···················78
  第二节　特点与价值···················80
第八章　自由泳场地和装备
  第一节　场地·························84
  第二节　装备·························86
第九章　自由泳基本技术
  第一节　水感练习·····················92

2

目录 CONTENTS

第二节 泳姿和打腿·····················99
第三节 划水与呼吸技术················110
第四节 完整配合技术··················123
第五节 转身技术·····················126
第六节 出发技术·····················137

第十章 自由泳比赛规则
第一节 程序·······················150
第二节 裁判·······················151

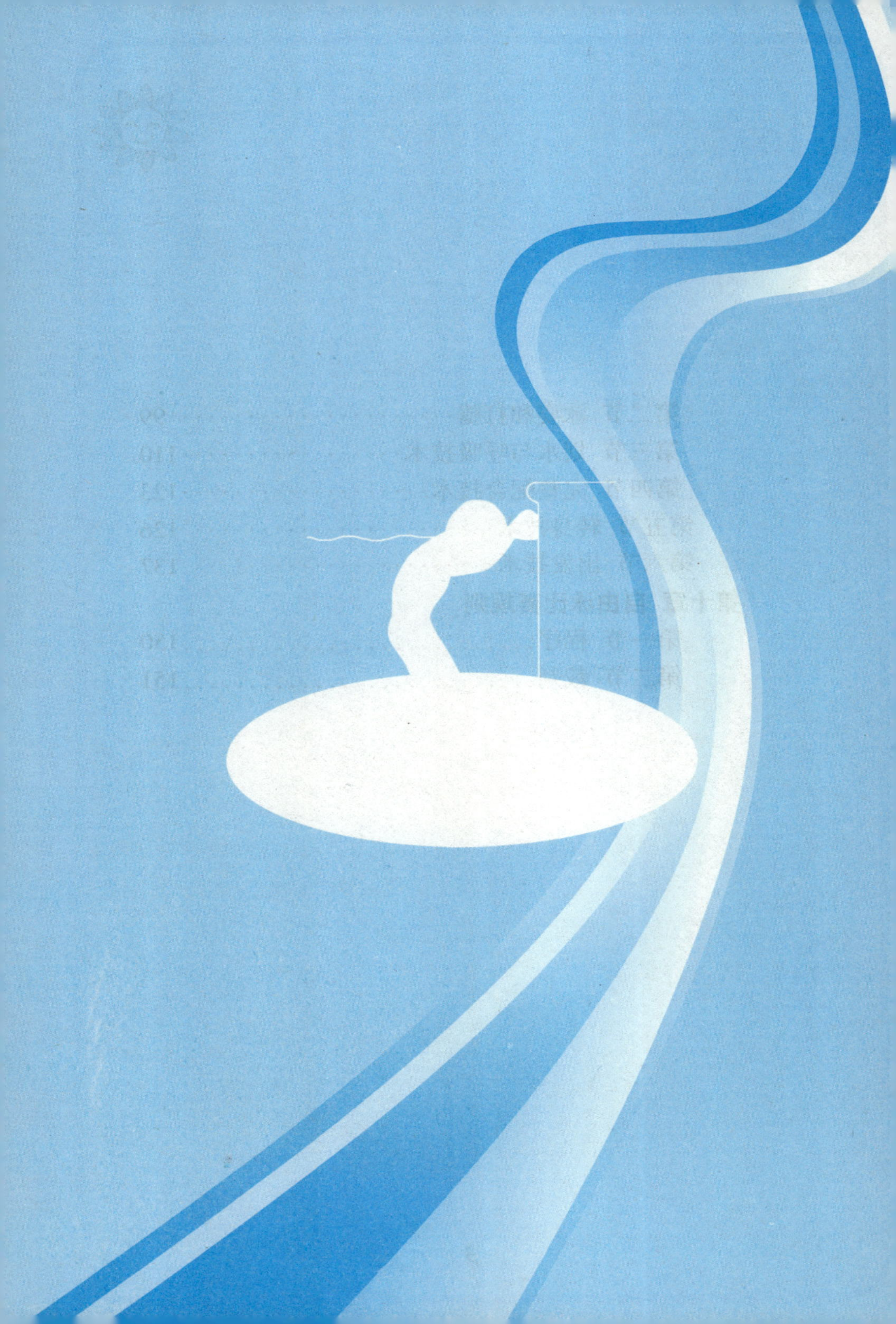

蛙泳

第一章 运动保护

"生命在于运动",但是盲目、不科学的运动非但不能起到强身健体的作用,反而会给身体带来一定的伤害。只有掌握体育锻炼的一般性生理卫生知识,科学地进行体育锻炼,才能起到健身强体的作用。

第一节 生理卫生

青少年在进行体育运动时，除了应进行一般性的身体检查和必要的咨询外，还要注意培养运动兴趣和把握适当的运动强度。

一、培养运动兴趣

在进行体育运动前，必须培养自己对体育运动的兴趣。培养兴趣的方法有很多，如观看体育比赛，与同学、朋友进行体育比赛等。有了浓厚的兴趣，就能自觉地投入体育运动之中，从而达到理想的体育锻炼效果。

二、把握运动强度

因为青少年进行体育运动，主要是在享受体育运动的过程中增强体质，提高健康水平，而不仅是为了创造运动成绩，所以运动强度不宜过大。控制运动强度最简单的办法是测定运动时的脉搏。对青少年来说，运动时的脉搏控制在每分钟 140 次左右较为合适。

第二节 运动前准备

运动前进行充分的准备活动,对于青少年来说是非常重要的。一些青少年体育运动爱好者,常常不重视运动前的准备活动,导致各种运动损伤,影响运动效果,也容易失去对体育运动的兴趣,甚至造成对体育运动的畏惧。因此,青少年在进行体育运动前,必须做好充分的准备活动。

一、准备活动的作用

运动前做好充分的准备活动能够对肌肉、内脏器官有很大的保护作用,同时还可以提前调节运动时的心理状态。

(一)提高肌肉温度,预防运动损伤

运动前进行一定强度的准备活动,不仅可以使肌肉内的代谢过程加强,温度增高,黏滞性下降,提高肌肉的收缩和舒张速度,增强肌力,同时还可以增加肌肉、韧带的弹性和伸展性,减少由于肌肉剧烈收缩而造成的运动损伤。

(二)提高内脏器官的功能水平

内脏器官的功能特点之一就是生理惰性较大,即当活动开始、肌肉发挥最大功能水平时,内脏器官并不能立刻进入最佳活

动状态。而充分的准备活动可以让内脏器官得到"热身",从而起到较好的调节和保护作用。

(三)调节心理状态

青少年进行体育锻炼不仅是身体活动,同时也是心理活动。研究证明,心理活动在体育锻炼中起着非常重要的作用。体育锻炼前的准备活动,可以起到心理调节的作用,即接通各运动中枢间的神经联系,使大脑皮层处于最佳兴奋状态。

二、如何进行准备活动

一般来说,准备活动主要应考虑内容、时间和运动量等问题。

(一)内容

准备活动可分为一般准备活动和专项准备活动。一般准备活动主要是一些全身性的身体练习,如跑步、踢腿、弯腰等。一般准备活动的作用在于提高整体的代谢水平和大脑皮层的兴奋状态,减少运动损伤的发生。专项准备活动是指与所从事的体育锻炼内容相适应的动作练习。

下面介绍一套一般准备活动操,供青少年运动前使用。这套活动操主要包括头部运动、肩部运动、扩胸运动、体侧运动、体转运动、髋部运动和踢腿运动等。

1. 头部运动

头部运动的动作方法(见图1-2-1)是：

两手叉腰，两脚左右开立，做头部向前、向后、向左、向右，以及绕环运动。

2. 肩部运动

肩部运动的动作方法(见图1-2-2)是：

手扶肩部，屈臂向前、向后绕环，以及直臂绕环。

3. 扩胸运动

扩胸运动的动作方法(见图1-2-3)是：

屈臂向后振动及直臂向后振动。

4. 体侧运动

体侧运动的动作方法(见图1-2-4)是：

两脚左右开立，一手叉腰，另一臂上举，并随上体向对侧振动。

5. 体转运动

体转运动的动作方法(见图1-2-5)是：

两脚左右开立，两臂体前屈，身体向左、向右有节奏地扭转。

6. 髋部运动

髋部运动的动作方法(见图1-2-6)是：

两脚左右开立，两手叉腰，髋关节放松，做向左、向右360°旋转。

7. 踢腿运动

踢腿运动的动作方法(见图1-2-7)是：

两臂上举后振，同时一腿向后半步，然后两臂下摆后振，同时向前上方踢腿。

蛙泳自由泳

图 1-2-1

图 1-2-2

图 1-2-3

图 1-2-4

图 1-2-5

图 1-2-6

图 1-2-7

（二）时间和运动量

准备活动的时间和运动量随体育锻炼的内容和量而定，由于以健身为目的的体育运动量较小，因此准备活动的量也相对较小，时间也不宜过长，否则，还未进行体育锻炼身体就疲劳了。半小时的体育锻炼，准备活动时间一般以 10 分钟左右为宜。

第三节 运动后放松

进行剧烈的体育运动后，有些青少年习惯坐在地上，或是直接躺下来休息，认为这样可以快速消除疲劳。其实不然，这样做的结果不仅不能尽快地恢复身体功能，反而会对身体产生不良影响，正确的做法应该是运动后做一些整理活动，放松身体。

一、运动后整理活动的必要性

运动后的整理活动不但可以避免头晕等症状,还可以有效地消除疲劳。

(一)避免头晕

人体在停止运动后,如果停下来不动,或是坐下来休息,静脉血管失去了骨骼肌的节律性收缩,血液会由于受重力作用滞留在下肢静脉血管中,导致回心血量减少,心血输出量下降,造成暂时性脑缺血,出现头晕、眼前发黑等一系列症状,严重者甚至会出现休克。为了避免这些症状的发生,整理活动是非常必要的。

(二)消除疲劳

除了避免头晕等症状的发生,运动后的整理活动还可以改善血液循环状态,达到快速消除疲劳的目的。

二、放松方法

在运动后放松时,应注意以下几个问题:

(1)做一些放松跑、放松走等形式的下肢运动,促进下肢静脉血的回流,防止体育锻炼后心血输出量的过度下降;

(2)下肢活动后进行上肢整理活动,右臂活动后做左臂的整理

活动，通过这种积极性休息，使身体功能得到尽快恢复；

（3）整理活动的量不要过大，否则整理活动又会引起新的疲劳；

（4）在进行整理活动时，应当保持心情舒畅、精神愉快。

第四节 恢复养护

人体在运动后，除采用休息和积极性体育手段加速身体功能的恢复外，还可以根据体育运动的特点，补充不同的营养物质，以尽快消除疲劳。

体育运动结束后，人体内会产生一种叫作乳酸的酸性物质，它的积累会造成肌体的疲劳，使恢复时间延长。所以，我们在体育运动后，应多补充一些碱性食物，如蔬菜、水果等，而动物性蛋白等肉类食品偏"酸"，在运动后的当天可适当减少摄入。

第二章 蛙泳概述

蛙泳是一项历史悠久的运动项目。它自产生以来，经过长时间的演变、推广、普及和发展，到目前为止，已成为一项非常受欢迎的健身运动项目。蛙泳运动之所以能够获得如此惊人的关注和普及，是与它的特点和价值分不开的。

第一节 起源与发展

蛙泳运动有着悠久的历史。现代蛙泳运动萌生于19世纪,于20世纪上半叶迅速在世界范围内得到推广。国际泳联成立后,蛙泳进入了不断发展、提高和创新的时期。

一、起源

蛙泳是模仿青蛙游泳动作的一种游泳姿势,也是最古老的一种游泳姿势。早在2000～4000年前,在中国、罗马和埃及等国就都有了类似这种游泳姿势的记载。

18世纪中期,蛙泳在欧洲被称为"青蛙泳"。这种泳姿的腿部动作特点是,两腿分开、两膝较宽地进行蹬夹水。这样,身体姿势较为平稳,游起来省力,而且呼吸方便,因此深受广大游泳爱好者的欢迎。但由于蛙泳速度较慢,因此在20世纪初期的不分泳式的自由泳比赛中受到排挤,一度没有人愿意采用蛙泳参加比赛。

二、发展

从蛙泳的技术发展看,自蛙泳产生到1936年,是现代蛙泳技术发展的第一阶段。这一阶段,日本运动员改进了德国运动员的半圆形蛙泳技术,加长了划水路线,并采用了屈臂高肘的划水技术,为现代蛙泳技术的发展奠定了基础。

1937—1952年，是蛙泳技术发展的第二阶段。在这一阶段中，运动员为了谋求更快的蛙泳速度，采用了两臂划水至大腿后提臂出水，经空中向前移臂的技术，形成了蝶式蛙泳技术。

第15届奥运会以后，国际游联把蝶式蛙泳列为蝶泳，允许蛙泳在水下游进，因此蛙泳技术又出现了一次革新，并产生了潜水蛙泳技术，从而进入了蛙泳技术发展的第三个阶段。

第16届奥运会后，国际游联又作出了新的规定：在蛙泳比赛中，禁止使用潜泳。自此，蛙泳技术进入了第四个发展阶段。

第二节 特点与价值

蛙泳运动易于开展，强度可以自行调节，对提高身体素质和发展心智都有着积极的作用，而且还有助于各国之间、人与人之间进行文化交流和增进友谊。

一、特点

蛙泳具有用途广、游进声音较小等特点，是其他游泳技术的基础。

（一）锻炼价值大

蛙泳要求上下肢协调配合用力，是游泳中锻炼价值最大、实用性最强的泳式。

(二)游进时声音较小

由于蛙泳要求臂和腿的动作都在水下进行,所以游进时声音较小。蛙泳还适合慢游、原地游和做踩水动作。这使蛙泳便于水上隐蔽、侦察和游动,在科研和军事上可以发挥特殊作用。

(三)其他游泳姿势的基础

绝大多数游泳姿势都与蛙泳有着不同程度的联系,所以学会蛙泳能为学习其他各种游泳姿势打下良好的基础。

二、价值

蛙泳是一项水浴、空气浴和日光浴三者合一的运动和娱乐项目,对身体健康十分有益。蛙泳具有多种功能和实用价值。

(一)享受三浴,延年益寿

自然界的空气、日光和水是人体生命的源泉。人们在进行蛙泳锻炼时,能够充分享受空气、日光和水对人体的滋养,从而使身体强壮,延年益寿。

(二)塑造健美的体形

近年来一些研究人体形体和形态的专家指出,蛙泳可以帮助人矫正某些不正常的体形，可以使身体各部位机体和肌肉得到均衡和全面的发展。所以，经常参加蛙泳锻炼，有助于塑造一个健美的体形。

(三)滋润皮肤并增加弹性

蛙泳运动在水中进行，水流和身体轻轻地摩擦，水中矿物质对皮肤慢慢地滋养，这促进了皮肤毛细血管中的血液循环和表皮细胞的代谢。如果蛙泳运动结束后抹上一些防晒霜或护肤霜，还可以使皮肤洁白柔嫩、光滑圆润，并富有一定的弹性。

(四)增强心脏功能

经常参加蛙泳运动，能够使心脏得到很好的锻炼，如心肌逐渐发达、收缩能力逐渐增强，心脏功能也相应地增强，从而提高人体的新陈代谢能力。

(五)增加肺活量

蛙泳运动对呼吸系统的影响很大。运动中的每次呼吸都需吸进大量的氧和呼出二氧化碳。经过长期的蛙泳锻炼，呼吸肌将逐渐发达，肺活量将逐渐增加。

(六)提高体温调节的功能

从生理角度来讲，进行蛙泳锻炼时热量消耗大，新陈代谢加

快，所以经常进行蛙泳锻炼的人，皮下脂肪增长得快，体温调节系统的功能将逐渐增强。

(七)防病治病

经过长期的蛙泳锻炼，能够增强肌体适应外界环境变化的能力，抵御寒冷，预防疾病，所以经常参加蛙泳锻炼的人不易感冒。如果蛙泳与医疗体育配合，还可以治疗一些慢性疾病，如高血压、慢性肠胃病、关节炎、神经衰弱和轻度脊椎侧弯等。

第三章 蛙泳场地和装备

蛙泳运动在水中进行，具有很强的观赏性和锻炼价值。这项运动对场地、器材和装备都有很高的要求。场地是蛙泳运动开展的前提条件，而良好的装备是运动员安全训练的必要保证。

第一节 场地

蛙泳运动可在一般的娱乐性游泳池中进行，也可在正规的比赛泳池中进行。正规的比赛泳池能够帮助游泳者寻找比赛的感觉，感受训练的刺激。

一、规格

游泳池有50米池和25米池两种，宽21米或25米，水面至池底的深度应在2米以上。

二、设施

(一)出发台

(1)出发台正对泳道的中央，前缘应高出水面50～75厘米，表面面积至少为50平方厘米；

(2)台面由防滑材料覆盖，向前倾斜的角度不超过10°；

(3)出发台必须坚固、无弹性，保证运动员出发时能在前缘和两侧抓住出发台。

(二)握手器

(1)出发的握手器必须同时有横的和竖的，设在出发台上，高出水面30~60厘米；

(2)横握手器与水面平行，竖握手器与水面垂直，握手器应与池壁在同一垂直面上，不得突出池壁之外。

(三)泳道

(1)游泳池内设八条泳道，由九条分道线构成，每条泳道宽2.5米；

(2)第一、九分道线距池边至少0.5米。

(四)分道线

(1)分道线由直径5~15厘米的单个浮标连接而成，从分道线两端开始至5米处的全部浮标，颜色必须与其他不同；

(2)分道线必须拉至水池两端，固定分道线的挂钩应安装在池壁内；

(3)分道线必须拉紧，每两条泳道之间只允许有一条分道线。

三、要求

（1）两端池壁必须垂直平行，自水面上 30 厘米至水面下 80 厘米的池壁，必须结实、平整、防滑；

（2）游泳池与跳水池之间，至少应相隔 5 米；

（3）池水温度为 26℃（误差在 1℃ 以内）；

（4）比赛时，池水必须保持正常水位，水面要平稳，如采用循环换水，池水不得有明显的流动或旋涡；

（5）池水应达到使运动员能看清池底和池壁标志线的清晰程度；

（6）整个游泳池的灯光强度不得少于 1500 勒克斯；

（7）池的四壁可设水槽，水槽必须有调节阀以保证池内正常水位。

第二节 装备

蛙泳装备是游泳者安全的保障。蛙泳装备包括游泳衣、游泳帽、游泳镜、耳塞、鼻夹和浮体物品等。

一、游泳衣

游泳衣必须合身，太大容易兜水，加大身体负重和阻力，影响游泳动作；太小则会感觉不舒服，也妨碍游泳动作的展开（见图 3-2-1）。

图 3-2-1

二、游泳帽

游泳时应戴游泳帽，可以防止头发散乱，还可以防止因水质不好而损伤发质。游泳帽不能过大，否则容易造成泳帽脱落。制作游泳帽应选用有弹性的尼龙或橡胶材质（见图 3-2-2）。

图 3-2-2

三、游泳镜

池水如果不干净，游泳时细菌很容易进入眼睛，导致红眼病等眼部疾病的发生。为了预防眼部疾病，游泳时佩戴游泳镜是十分必要的。对于初学者来说，戴游泳镜还可以纠正在水中睁不开眼睛的毛病（见图3-2-3）。

图 3-2-3

四、耳塞

游泳时，耳朵进水后会很不舒服，严重者会引起耳部疼痛，甚至影响听力。为了防止耳朵进水，游泳时应佩戴耳塞（见图3-2-4）。

图 3-2-4

五、鼻夹

游泳时，水波会把水冲入鼻孔，引起呛水。对初学者来说，为了防止呛水，一定要戴好鼻夹（见图3-2-5）。

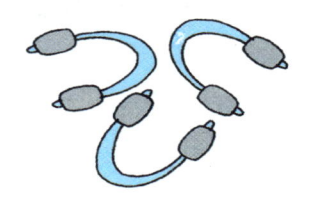

图3-2-5

六、浮体物品

初学游泳的青少年，最好准备一些浮体物品，如救生衣、泡沫塑料等，以防发生溺水等意外事故（见图3-2-6）。

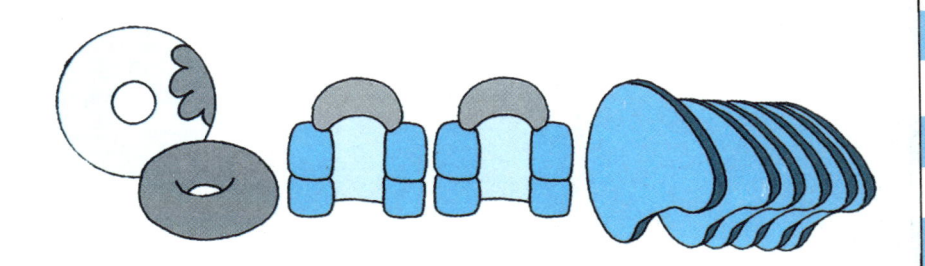

图3-2-6

七、浴巾和拖鞋

　　浴巾和拖鞋是游泳者必备的用品。游泳者在上岸休息时,可以用毛巾擦干身体,披上浴巾,穿上拖鞋,既可以保暖,又比较卫生。冬泳时,由于天气寒冷,浴巾和拖鞋更不可缺少(见图3-2-7)。

图 3-2-7

第四章 蛙泳基本技术

蛙泳是身体俯卧水中,两肩与水面平行,依靠两臂对称向后划水、两腿向后对称蹬夹水而向前游进的姿势。整个动作与青蛙游水十分相似,所以取名为"蛙泳"。蛙泳的基本技术包括水性练习、身体姿势、腿部技术、臂部动作、呼吸技术、完整配合、出发动作、转身动作和结束动作等。

第一节 水性练习

熟悉水性是初学蛙泳的必经阶段。水性练习主要用于体会和了解水的特性，逐步适应水的环境，消除怕水心理，培养对水的兴趣并掌握一些蛙泳的基本动作，为以后学习各种蛙泳技术打下基础。水性练习应在浅水环境进行，浅水环境是指水深40～50厘米的水池（齐腰或齐胸深）。在浅水中进行熟悉水性动作练习，完全能够避免因水深而带来的怕水心理障碍，从而在无意识状态下在水中尽情玩耍、做游戏，在活动中自然地完成熟悉水性中的呼吸、浮体、滑行等动作。水性练习的内容包括水中站立与行走、手扶（抱）浮板做跳跃、蹬池边手抱浮板滑行、呼吸练习、浮体练习、滑行练习、扶板打水与呼吸练习和徒手流线型伸臂打水练习。

一、水中站立与行走

水中站立与行走练习常作为初学者下水后的第一个练习，主要用于体会水对身体的压力、浮力和阻力，有助于掌握在水中维持平衡的方法，消除怕水心理，且动作简单，容易掌握，动作方法（见图4-1-1）是：

（1）在浅水中站立，原地做下蹲、起立练习；

（2）扶池边向前、向后、向两侧行走；

（3）不扶池壁，用两手在水中维持平衡，向前、向后、向两侧行走。

图 4-1-1

二、手扶（抱）浮板做跳跃

手扶（抱）浮板做跳跃练习的动作方法（见图 4-1-2）是：双手抱住浮板，头部保持在水面上，做向前跳跃滑行运动。

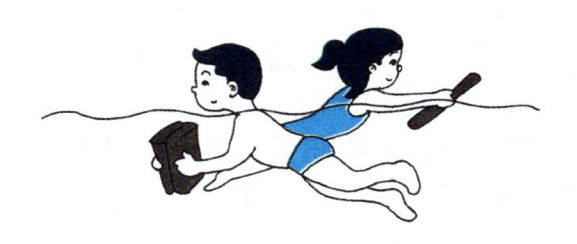

图 4-1-2

三、蹬池边手抱浮板滑行

手扶（抱）浮板跳跃练习熟练后，做蹬池边手抱浮板滑行练

习，之后再加上打腿，动作方法（见图4-1-3）是：

（1）双手抱住浮板，双脚用力蹬池边，向前滑行；

（2）头部保持在水面以上。

图4-1-3

四、呼吸练习

呼吸是学蛙泳的一个难点，初学者必须学会水中呼吸，将以鼻式呼吸为主的陆上呼吸方法，逐渐改变为以口式呼吸为主的水中呼吸方法。呼吸练习的动作方法（见图4-1-4）是：

（1）扶池壁或在同伴的帮助下，深吸气后闭气，然后再慢慢地下蹲，把头全部浸入水中，在水中停留片刻后起立，在水面换气；

（2）吸气后下蹲，把头全部浸入水中，停留片刻后，在水中用嘴慢慢地吐气，在吐气将要结束时，起立，在水面上吸气；

（3）吸气后下蹲，把头全部浸入水中，略闭气后立即用嘴、鼻同时吐气，同时慢慢起立，在嘴接近水面时用力把气吐完并立即吸气，吸气结束后立即把头再次浸入水中，这样连续地做到有节奏的吸、闭、吐练习；

（4）两脚原地站立，双臂放在水中，按以上练习，要求独立完成连续吸、闭、吐的动作，每组10次，反复进行。

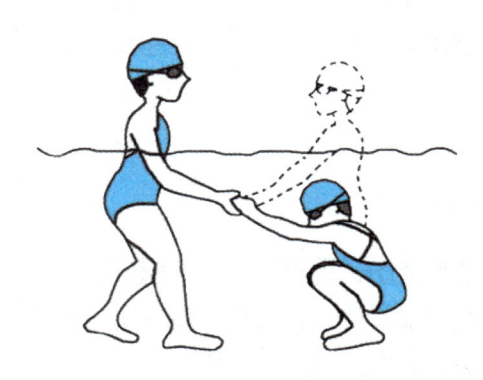

水中呼气

连续呼吸

图4-1-4

五、浮体练习

浮体练习可用来体会水的浮力，初步具备在水中控制身体、维持平衡的能力，学会由浮体至站立的方法，进一步消除怕水心理，增强学会蛙泳的信心。浮体练习包括抱膝浮体和展体浮体等。

(一)抱膝浮体

抱膝浮体的动作方法(见图 4-1-5)是：

(1)原地站立，深吸气后下蹲，低头，双手抱双膝，膝尽量靠近胸部，呈低头、团身、抱膝姿势；

(2)前脚掌蹬池底，身体放松，漂浮于水中；

(3)站立时两臂前伸，手掌向下压水并抬头，同时两腿向下伸，两脚牢牢地踩住池底站稳，两臂于体侧在水中压水，保持平衡。

图 4-1-5

(二)展体浮体

展体浮体的动作方法(见图4-1-6)是：

(1)两脚分开站立，两臂放松前伸，深吸气后身体前倾并低头；

(2)屈膝下蹲，两脚轻轻蹬池底，两腿放松上浮呈俯卧姿势，漂浮于水中，臂和腿自然伸直；

(3)站立时收腹、收腿，两臂向下压水并抬头，两腿向下伸，脚掌踩住池底站立。

图4-1-6

六、滑行练习

滑行练习是学习各泳式的基础练习，是熟悉水性阶段的重点练习，用于进一步体会水的浮力，掌握在水中平浮和滑行时的身体姿势。滑行练习包括蹬边滑行和蹬池底滑行等。

（一）蹬边滑行

蹬边滑行的动作方法（见图 4-1-7）是：
（1）一手拉池槽、一臂前伸，收腹屈腿，两脚贴池壁，上体前倾平浮于水中；
（2）深吸一口气，低头、提臀，随即放下拉池槽的手臂并向前伸与前边的臂并拢；
（3）臀略后坐，头夹于两臂之间，两脚用力蹬壁，使身体呈流线型向前滑行。

图 4-1-7

（二）蹬池底滑行

蹬池底滑行的动作方法（见图 4-1-8）是：
（1）两脚前后分开站立，两臂前伸，两手并拢；
（2）深吸气后，身体前倾屈膝，当头和肩浸入水中时，前脚掌用力蹬池底，随后两腿并拢，身体呈流线型向前滑行。

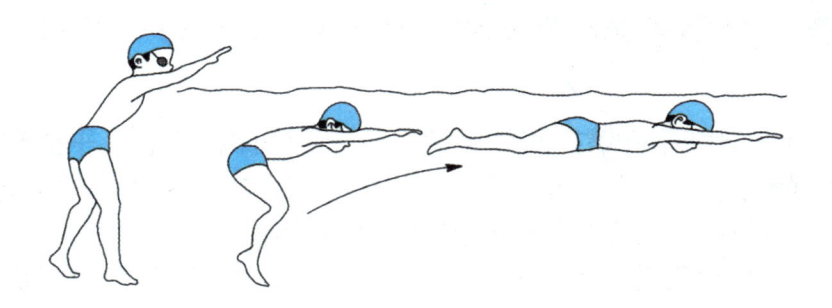

图 4-1-8

七、扶板打水与呼吸练习

扶板打水与呼吸练习常用来提高打水能力和增强耐力，对身体的平衡性要求较高，动作方法（见图 4-1-9）是：

（1）双手扶打水板的后部，手臂前伸，俯卧在水中；
（2）低头，头部与躯干成一条直线，眼睛看池底；
（3）两腿交替上下打水，每打 6 次，抬头吸气 1 次。

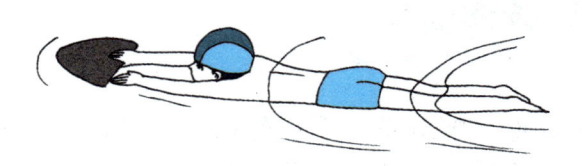

图 4-1-9

八、徒手流线型伸臂打水练习

徒手流线型伸臂打水练习常在身体姿势保持伸展、平衡和流线型的情况下,用来提高打水效率,动作方法(见图 4-1-10)是:

(1)两臂和肩前伸,身体放松,平直俯卧于水面上;
(2)两腿交替打水,每打 6 次抬头吸气 1 次,吸气时打腿不能停止。

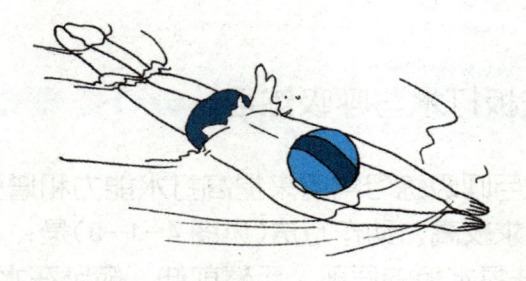

图 4-1-10

第二节 身体姿势

根据腿部动作,蛙泳的一个动作周期分为收腿、翻脚、蹬夹水和滑行 4 个紧密相连的动作阶段。在这 4 个阶段中,身体随着臂、腿动作不断地变化着,而不是固定在一个位置上,具体表现为:

(1)当蹬腿结束后两手并拢前伸，两腿伸直，身体呈较好的流线型滑行姿势，此时身体较水平地俯卧于水面，头略抬起，身体纵轴与水平面成 5°～10°角（见图 4-2-1），身体保持一定的紧张度；

　　(2)划手和抬头吸气时，下颌露出水面，肩部上升，开始收腿，此时身体与水平面的夹角增大，约为 15°（见图 4-2-2）；

　　(3)吸气后，头部随着手的前伸和肩部的下降，没入水中，这样既能减少头露在水面上受到波浪的阻力，又可以使身体随着上下起伏的惯性自然地向前滑进。

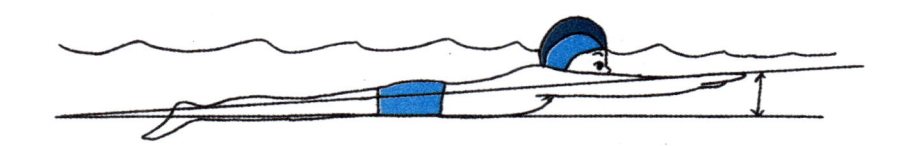

图 4-2-1

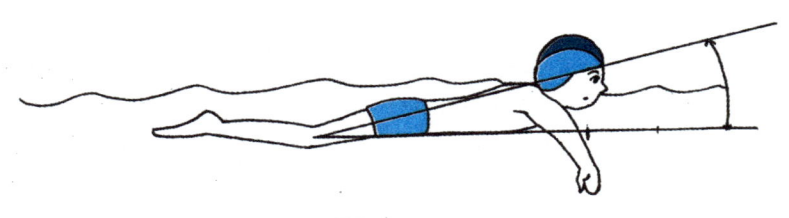

图 4-2-2

第三节 腿部技术

练习蛙泳时,腿部技术是维持身体平衡、保证合理游进的主要手段,包括动作构成和动作练习等。

一、动作构成

蛙泳的腿部动作构成包括收腿、翻脚、蹬夹水和滑行,动作方法(见图4-3-1)是:

从正面看脚尖的轨迹

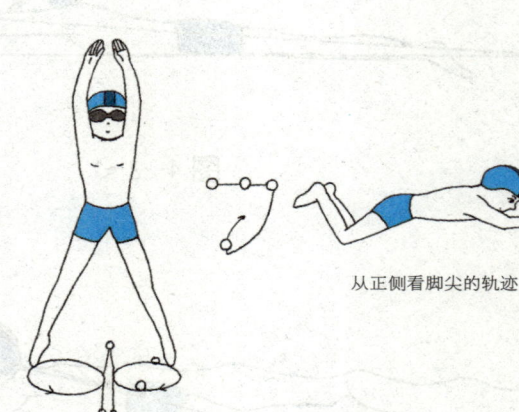

从下方看脚尖的轨迹

从正侧看脚尖的轨迹

图 4-3-1

(一)收腿

收腿是指在尽量减少阻力的前提下，将腿收到最有利于蹬水位置的过程，动作方法(见图4-3-2)是：

(1)开始收腿时，大腿带动小腿，边收边分，两脚放松，使脚跟尽量靠近臀部，这样可以使蹬水的路线加长；

(2)在收腿过程中，小腿和脚应始终跟在大腿的后面，整个收腿的速度要先慢后快，这样可以减少收腿时的阻力；

(3)收腿结束时，大腿与躯干之间的夹角约为130°，两膝之间的距离约与肩同宽，整个收腿就像压缩弹簧一样，为强有力的蹬水做好准备。

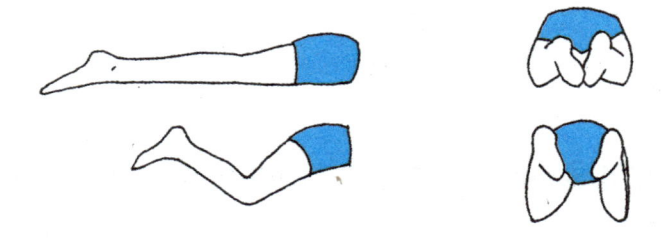

图4-3-2

(二)翻脚

蛙泳腿部动作中，翻脚是收腿和蹬水之间的连接动作。正确的翻脚动作，是在收腿未结束前已开始，在蹬水开始时完成。这个动作虽然历时很短，但能直接影响到蹬水的效果，动作方法

(见图4-3-3)是：

(1)收腿将结束时，脚仍向臀部靠近，这时膝关节向内；

(2)两脚尖由后向外侧翻开，脚和小腿内侧对着蹬水方向，使对水面积加大。

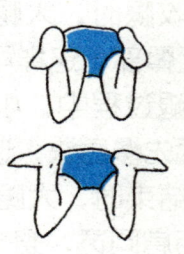

图 4-3-3

(三)蹬夹水

蹬夹水是蛙泳游进中获得推进力的主要手段之一，动作方法(见图4-3-4)是：

(1)翻脚动作结束后，不停顿地向后踹夹水，直至两脚并拢，蹬夹动作主要通过伸髋和伸膝完成；

(2)蹬水开始时注意伸髋，使大腿与躯干的夹角变小，这样既可减小阻力又能保持小腿和脚的最佳蹬水截面；

(3)蹬夹水时，腰、腹和大腿要同时发力，两脚向外、向后、向内边蹬边夹水；

(4)在蹬夹的后程，两膝将要伸直靠拢时，两脚的踝关节积极内旋，用脚向内下侧鞭水；

（5）鞭水完成时，双脚自然伸直；

（6）强有力的鞭水动作将能获得更好的蹬夹水效果，还可使腰、臀、腿依次升高，使身体在滑行时保持较好的流线型，减小阻力，提高滑行速度。

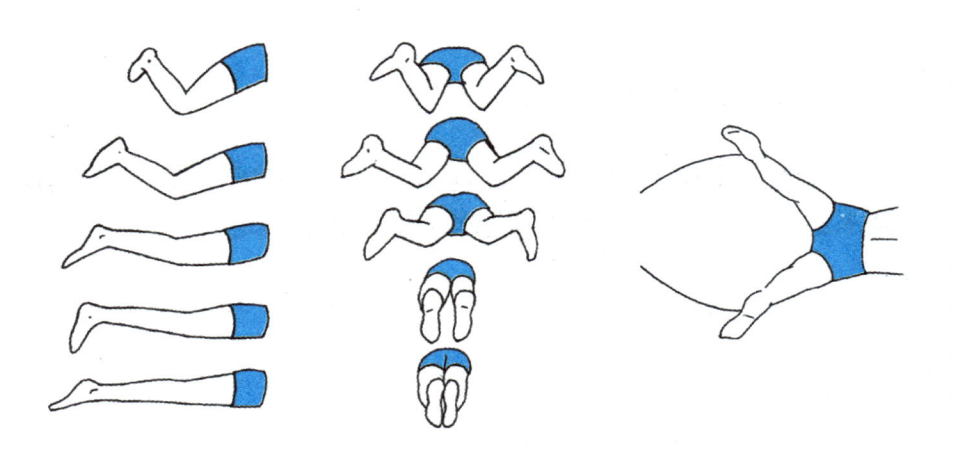

图 4-3-4

（四）滑行

蹬腿结束时，身体获得最大速度，腿和臂都已完全伸直，身体处于流线型状态，此时开始滑行，动作方法（见图 4-3-5）是：

（1）借助速度惯性做短暂的滑行；

（2）滑行时间不宜过长。

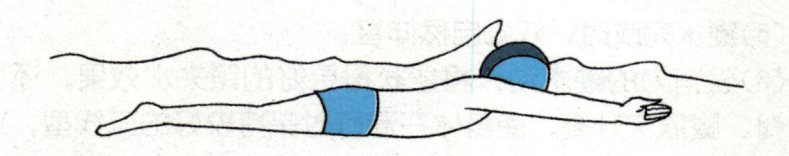

图 4-3-5

二、动作练习

蛙泳的腿部技术比较复杂，可以先在陆上做模仿练习，把整个技术动作分解开来，然后再在水中做完整的练习。

(一)陆上模仿练习

1. 坐撑模仿

坐撑模仿的动作方法(见图 4-3-6)是：

(1)坐在凳上或池边，上体略后仰，两手体后撑，两腿伸直并拢，髋关节展开，做蛙泳的收腿、翻脚和蹬夹水动作，先按口令分解练习再过渡到完整连贯动作；

(2)收时大腿带小腿，边收边分，翻时向外翻脚，蹬水时对准水，膝略内压，蹬夹时向后弧形蹬夹水，停时两腿并拢伸直放松，漂浮片刻；

(3)初学者先用眼睛看腿部动作是否正确，体会翻脚时的肌肉感觉，动作基本正确后再闭眼，边想动作要点边做模仿动作。

2. 俯卧模仿

俯卧模仿的动作方法(见图 4-3-7)是：

俯卧在凳上，做收腿、翻脚、蹬夹和停止的动作，先分解做，再连贯起来做完整动作，要求边想边做，也可由同伴帮助，体会和纠正动作重点，体会翻脚和蹬夹的路线及动作节奏。

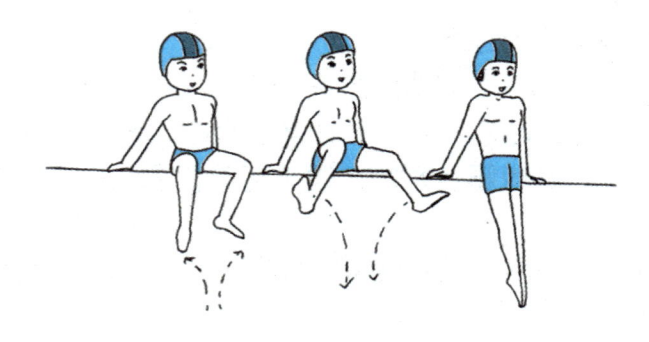

图 4-3-6

图 4-3-7

(二)水中练习

水中练习包括固定支撑腿部练习、滑行腿部练习和游动支撑腿部练习等。

1. 固定支撑腿部练习

固定支撑腿部练习的动作方法（见图4-3-8）是：

（1）用手固定支撑，身体平卧浮于水中，髋关节展开，两腿放松伸直并拢，做收腿、翻脚、蹬夹和停止的动作，先分解再连贯起来做；

（2）肩应浸入水中，腰腹部肌肉略紧张，臀靠近水面，挺腹、臀下沉，防止塌腰；

（3）收腿时，放松、慢放，小腿和脚在大腿投影之内；

（4）翻脚时，向外翻脚要充分，脚和小腿内侧对准水，脚心朝天；

（5）蹬夹时，向后弧形蹬夹要连贯，速度相对要快；

（6）停止时，双腿并拢伸直，漂浮片刻，当两脚上浮后再做下一个收腿动作。

2. 滑行腿部练习

滑行腿部练习的动作方法是：

蹬边（蹬底）滑行后，做蛙泳腿部动作，两腿蹬水后漂浮的时间要长一些，注意蹬腿效果和动作节奏。

3. 游动支撑腿部练习

游动支撑腿部练习的动作方法（见图4-3-9）是：

扶板的近端，两臂伸直，面部浸入水中，做蛙泳蹬腿动作，以后可以加上呼吸动作。

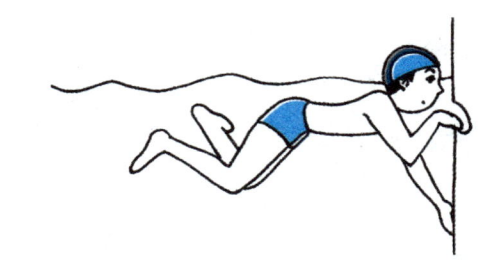

图 4-3-8

图 4-3-9

第四节 臂部动作

练习蛙泳时，臂部在整个游进过程中所产生的推进力，与腿部一样起着重要的作用。臂的力量虽然没有腿的力量强，但却比腿灵活，在整个划水过程中，能以较大的对水面作用于较长的距离，取得较好的划水效果。练习蛙泳时，臂的动作周期中的各个阶段是紧密衔接的，整个划臂动作是加速进行的，移动路线像一个椭圆形（见图4-4-1）。臂部动作包括外划、内划和前伸等。

手臂运动轨迹

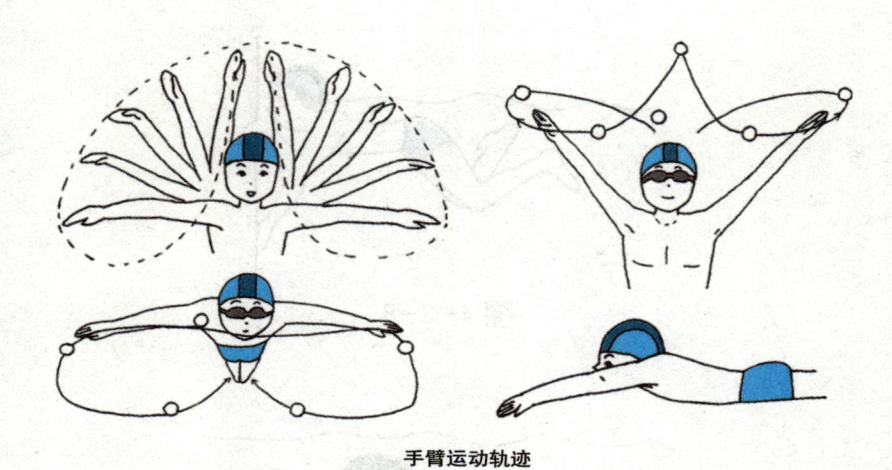

图 4-4-1

一、外划

外划是指两臂从前伸开始，向身体外侧下方划出，臂内旋并屈肘，直至两手之间的距离达到最宽的动作过程。这一过程实际上是向外划水和下划抱水动作的紧密结合，动作方法（见图4-4-2）是：

（1）向外划水动作的速度较小，而且前臂划动方向向外，手的运动方向几乎是横向；

（2）向外划水实质上是向后外运动，产生向前的推进力；

（3）在下划阶段，手和小臂几乎垂直于划水方向，获得较大的划水面，有较大的动作速度，能够产生较大的推进力；

（4）在下划过程中，小臂和大臂的屈角不断变化；

(5)在划水的主要阶段，小臂和大臂的屈角约为90°。

图4-4-2

二、内划

内划是指手臂由外向内、向后做横向划水，并在胸前收夹并拢的动作过程。它是产生推进力的主要阶段，动作方法（见图4-4-3）是：

(1)屈臂向胸部前下方收夹，使胸部、背部和肩带肌群处于最有利的用力部位，产生很高的划水加速度；

(2)手臂对水面积大，当手掌和小臂内侧面与划水路线保持合适的角度时，会获得很大的升力推动身体前进；

(3)手臂各部位的运动路线和运动速度是不同的，肘关节是向内、后、下压水直至胸腹下方，手则是由外向内、后、上做弧线运动直至颌下，手的动作快于肘；

（4）两臂高速收夹，胸腹部下方处于流体的高压区，有利于抬高身体位置；

（5）手臂划动的流体总分力指向身体的前上方，推动身体前进，抬高身体位置。

图 4-4-3

三、前伸

前伸是紧接着内划的连贯动作，从夹肘至体下时开始，动作方法（见图 4-4-4）是：

（1）前伸的运动方向与身体前进方向一致，应尽量减少臂的挡水面，即两手并排合掌靠近水面或从水上快速弧形前伸；

（2）手伸得越快，腿蹬得就越有力量；

（3）伸手的同时必须快速低头没入水中，此时蹬腿结束，手脚完全伸直，身体呈最好的流线型高速向前滑进。

图 4-4-4

第五节 呼吸技术

呼吸技术是学习蛙泳的难点，学习者必须将习惯的鼻式呼吸改为口式呼吸，才能适应水中环境的需要。蛙泳的呼吸技术包括早呼吸和晚呼吸等。

一、早呼吸

早呼吸技术的吸气时间长，简单易学，适用于游泳初学者，动作方法（见图 4-5-1）是：

当两臂外划时，借助水对手的支撑反作用力，将头抬起，嘴露出水面，进行吸气。

图 4-5-1

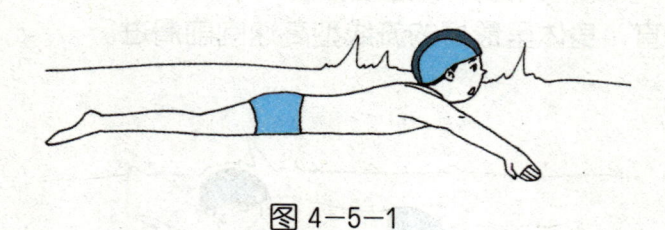

二、晚呼吸

晚呼吸技术吸气时间短，滑进速度快，但技术难度较大，动作方法（见图 4-5-2）是：

当两臂内划收手时，要求内划力量大、速度快，将上体"拉"起来，使头和肩露出水面，进行吸气。

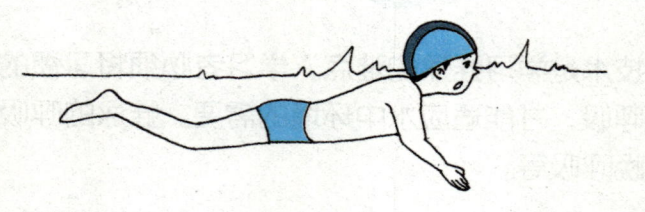

图 4-5-2

第六节 完整配合

完整配合是指腿、臂和呼吸的配合。蛙泳一般都采用 1∶1∶

1 的配合方式，即在一个周期动作中腿蹬 1 次，臂划 1 次，呼吸 1 次（见图 4-6-1）。完整配合可分解为腿与臂的配合和臂与呼吸的配合。

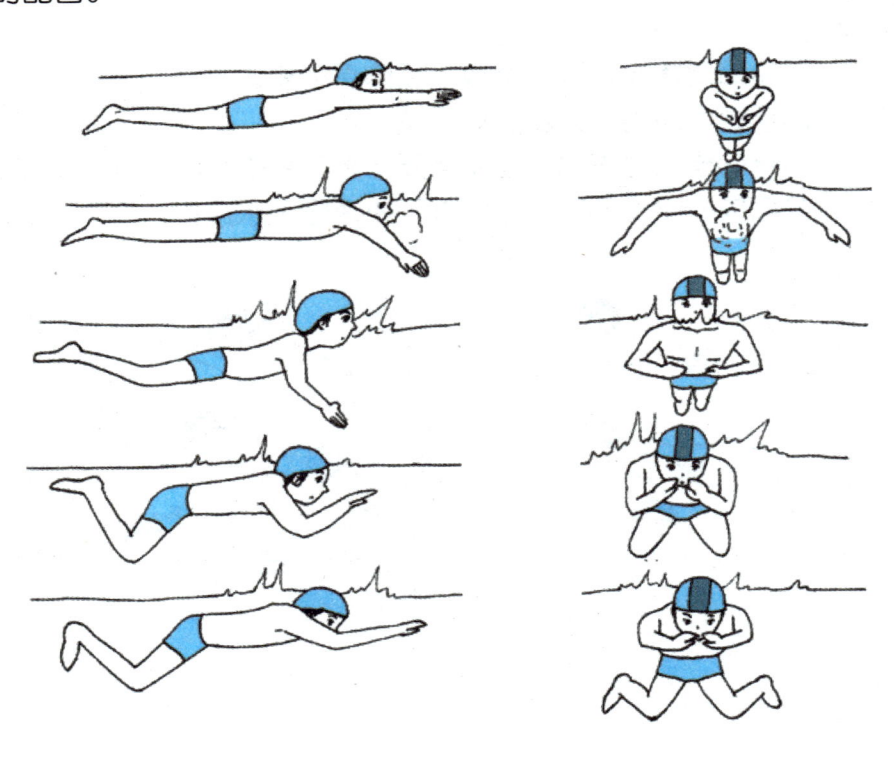

图 4-6-1

一、腿与臂的配合

蛙泳的腿部技术比较复杂，臂的移动全部在水中进行，所以

腿、臂的配合难度较大。腿、臂的配合程度对游进的速度影响很大。腿与臂如果正确配合，能使臂划水与腿蹬水的有效部分紧密衔接、配合协调，从而保证速度的发挥和动作的流畅，动作方法（见图 4-6-2）是：

（1）手臂划水时，腿保持放松和伸直姿势；
（2）手臂内划时，大腿自然屈膝；
（3）开始移臂时收腿，在手将要伸直时完成收腿和翻脚动作；
（4）完成收腿和翻脚动作后进行快速蹬夹水动作。

图 4-6-2

二、臂与呼吸的配合

臂与呼吸的配合动作方法（见图 4-6-3）是：
（1）手臂划水完毕，两手在下颌相触时，把头抬出水面用嘴吸气；

(2)吸气后，手臂前伸时，头伸入水中；
(3)手臂开始划水时，慢慢用鼻子呼气。

图 4-6-3

第七节 出发技术

出发技术的动作方法（见图4-7-1）是：

(1)预备：双脚分开，与肩同宽，脚趾抠住跳台边缘（双脚或一脚），两手抓住出发台的前沿或后沿，臀部处于双脚正上方，膝盖弯曲角度为130°～140°，身体重心尽量向前；

(2)起跳：向前摆臂，双手并拢，摆臂之后双腿有力地蹬出；

(3)腾空：身体伸展呈流线型；

(4)入水：手臂、头、躯干、腿和脚依次入水，身体呈流线型，不能有任何弯曲；

(5)滑行：入水之后，双臂在水下做一次长划臂动作，双腿做一次蛙泳腿的动作，在第二次划水至最宽点前，头部必须露出水面。

蛙泳 自由泳

图 4-7-1

第八节 转身动作

规则规定，蛙泳转身时两手应在水面、水上或水下同时触壁，触壁前两肩应与水面平行，转身后只能在水中做一次长划臂和一次蛙泳腿的潜泳动作。由于规则要求严格，蛙泳转身动作速度要比其他泳式略慢些，转身方法也通常只用抬头吸气转身法，包括触壁、转身、蹬壁、滑行及一次潜泳等阶段。

一、触壁

触壁的动作方法（见图 4-8-1）是：

（1）在最后一次蹬腿结束后，不减速地游近池壁，两臂前伸，两肩与水面平行；

（2）在正前方高于身体重心处，双手同时触壁。

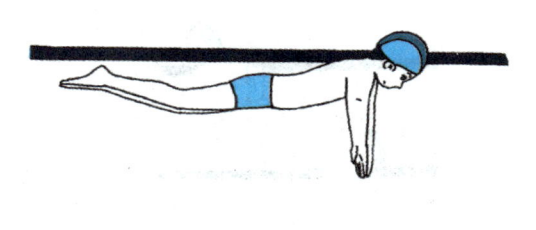

图 4-8-1

二、转身

转身的动作方法(见图 4-8-2)是:
(1)触壁后,全手掌压池壁,随着惯性屈肘、屈膝、团身;
(2)身体沿纵轴向右侧转动,并抬头吸气,右手离开池壁在水中随着身体向右侧转动并逐渐向右前伸;
(3)当身体转至侧对池壁时,头向前进方向甩,并低头入水;
(4)左臂推离池壁,从空中摆臂,同时提臂使两脚触壁,两手经颌下前伸,两腿弯曲准备蹬壁。

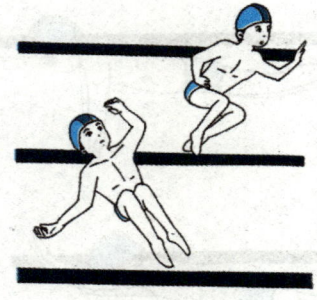

图 4-8-2

三、蹬壁

蹬壁的动作方法（见图4-8-3）是：

两脚掌贴在水面下约40厘米处，两臂向前伸直，头夹在两臂之间，然后用力蹬离池壁。

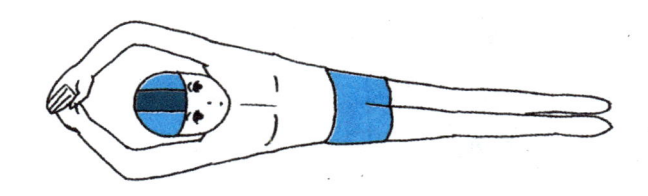

图4-8-3

四、滑行及一次潜泳

滑行及一次潜泳的动作方法（见图4-8-4）是：

（1）蹬壁后，身体呈流线型滑行；

（2）当速度减慢至正常时，两手开始长划臂，至大腿两侧略停；

（3）滑行速度略慢时，开始收腿，两手贴近腹、胸和颌下前伸；

（4）当两臂伸直夹头时，蹬腿、滑行，两臂开始第二次划水时，头露出水面。

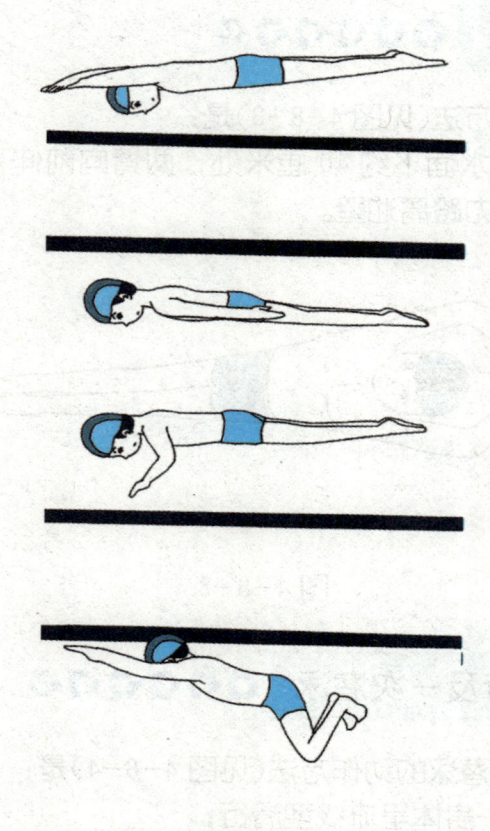

图 4-8-4

第九节 结束动作

结束动作的动作方法（见图 4-9-1）是：

(1)加快划水速度，用力打腿，尽力减小阻力；
(2)两手、两腿并拢，两手同时触壁，脸部留在水中，身体面向池壁伸直。

图 4-9-1

第十节 蛙泳注意事项

在以上各节学习蛙泳的各项动作时，要特别注意以下事项：
(1)收腿时肌肉放松，速度不宜太快；
(2)蹬水时要加速，做到慢收快蹬；
(3)收腿时脚尖要绷直，小腿跟在大腿投影后面以减小收腿阻力，翻脚时要充分，要勾脚并使小腿和脚的内侧尽量对准后蹬方向；

（4）蹬腿时大腿内收肌要用力，边蹬边夹，切忌只蹬不夹；

（5）划水时两臂不宜划得太宽，要求屈臂小划，划水路线不宜太长，两肘不要超过肩的延长线；

（6）配合节奏要明显，不能蹬腿同时划臂，要先划臂后蹬腿；

（7）蹬腿结束后，要强调有短暂的滑行再做下一次划臂动作。

第十一节 提高蛙泳技术的练习方法

提高蛙泳技术的练习方法包括垂直身体蛙泳划水练习、蛙泳划水与自由泳打水练习、徒手蛙泳蹬水练习、两次蹬水一次划水练习、抬头蛙泳练习和控制滑行时间的蛙泳配合练习等。

一、垂直身体蛙泳划水练习

垂直身体蛙泳划水练习的动作方法（见图4-11-1）是：

（1）戴脚蹼在深水区练习，先使身体垂直，两腿交替打水，身体保持正直，头露出水面；

（2）两臂前伸，两手的大拇指靠拢，掌心朝向外下方，保持这个姿势数3下；

（3）两手向外划水直至手分开的距离约为肩宽的两倍，手指仍然指向前方；

（4）手掌向内旋转，肘关节向胸部屈曲，手向内划水；

（5）当两手靠拢，两肘到达体侧时，手臂在水面处快速前伸至开始姿势；

（6）在手臂向外和向内划水时，应使身体升高，至少使胸部的上半部分露出水面。

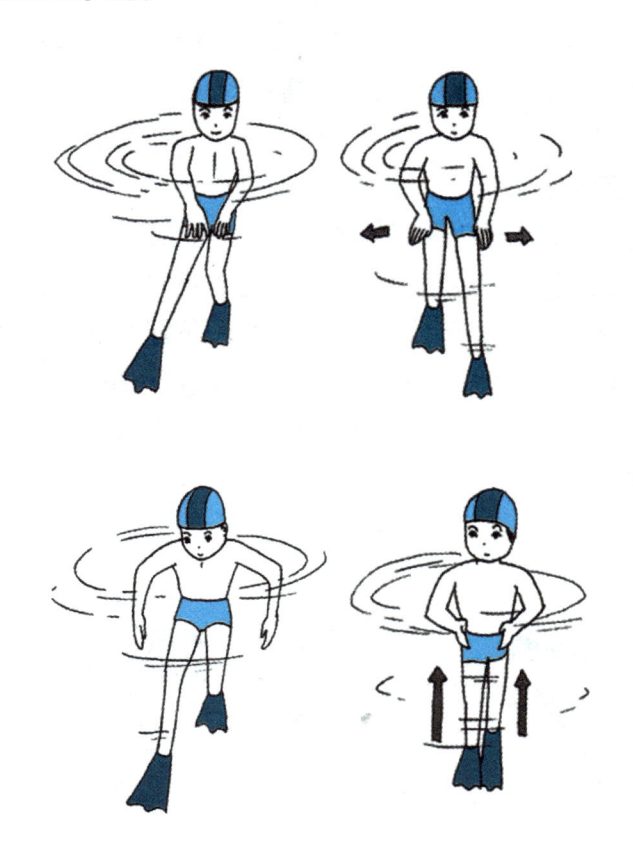

图 4—11—1

二、蛙泳划水与自由泳打水练习

蛙泳划水与自由泳打水练习常用来掌握身体位置改变条件下保持稳定的打水技术，它结合了两种泳姿，对身体协调性要求很高，动作方法(见图 4-11-2)是：

(1)戴脚蹼俯卧做自由泳打水，两臂并拢前伸，数 3 下后，用蛙泳的划水动作快速划水并伸臂；

(2)划水要使身体获得足够的升力，头还原到开始姿势，然后继续重复练习；

(3)动作开始时，头的姿势有 3 种方式需要练习，第一种是下颌保持在水面，不要没入水中，这种姿势的主要目的是强调划水速度；第二种是眼睛刚好露出水面，在划水时收下颌，眼睛的视线向前下方，与水面成 45°角，并保持该角度稳定；第三种是眼睛刚好位于水面下，眼睛的视线向下与水面成 45°角，并保持该角度稳定。

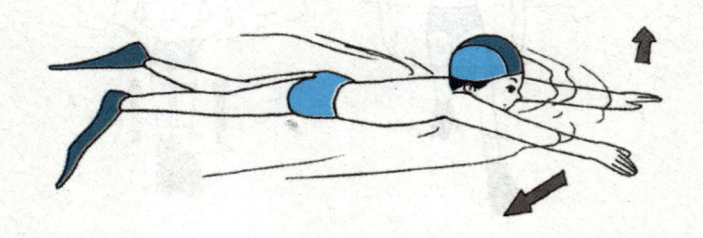

图 4-11-2

三、徒手蛙泳蹬水练习

徒手蛙泳蹬水练习的动作方法(见图 4-11-3)是：

(1)拇指相扣，手臂前伸蹬离池壁，脸没入水中，两眼刚好位于水面下，头与水面成 45°角；

(2)全身伸展滑行，两腿并拢，脚背绷直，臀部高平；保持这个姿势数 3 下，嘴在水下时一定要吐出气泡；

(3)抬头使下颌位于水面上，手臂保持前伸，吸气并开始收腿；

(4)当腿蹬夹水时脸没入水中并开始呼气；

(5)完成蹬夹水动作，并将腿上升到水面，滑行时数 3 下，然后重复动作。

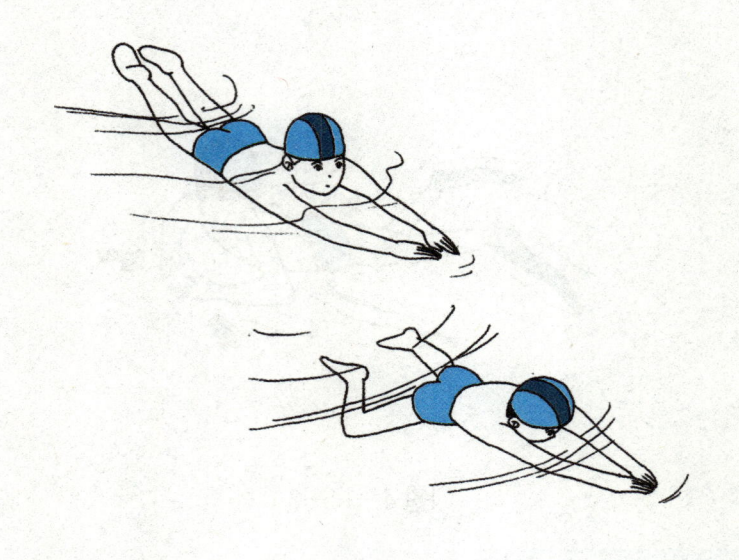

图 4-11-3

四、两次蹬水一次划水练习

两次蹬水一次划水练习的动作方法（见图 4-11-4）是：

(1) 按下面的节奏练习：划水、吸气、蹬水、滑行，然后是吸气、蹬水、滑行，滑行时数 3 下；

(2) 头在水下，与水面成 45°角，滑行时额头的上部与水面齐平；

(3) 每一趟练习使用的蹬水次数应至少比练习正常的蹬水次数少一次。

图 4-11-4

五、抬头蛙泳练习

抬头蛙泳练习只要按照一次划水一次蹬水并滑行的节奏即可,动作方法(见图 4-11-5)是:

(1)按下面的节奏练习：划水、上升（吸气）、蹬夹水、滑行；

(2)滑行时数3下，眼睛要始终露出水面，下颌要收，应始终能够看到手在前面，如果眼睛没入水中，容易使划水距离过长。

图 4-11-5

六、控制滑行时间的蛙泳配合练习

控制滑行时间的蛙泳配合练习只要按照一次划水一次蹬水并滑行的节奏即可，动作方法（见图 4-11-6）是：

(1)按下面的节奏练习：划水、上升（吸气）、蹬夹水、滑行；

(2)头向下与水面成 45°角，滑行时额头的上部与水面齐平；

（3）蹬边后先滑行，数3下；

（4）数每一趟练习的动作次数，每次蹬水次数至少要比正常的蹬水次数少一次。

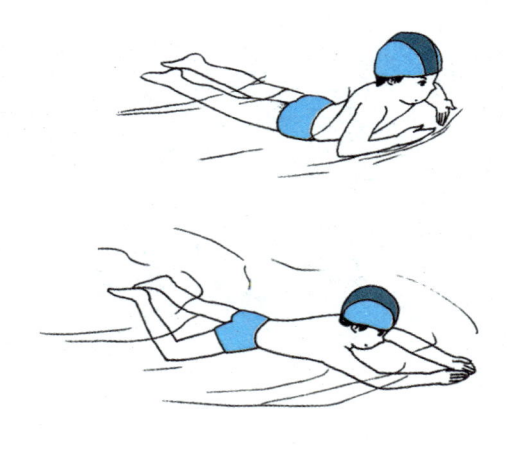

图4－11－6

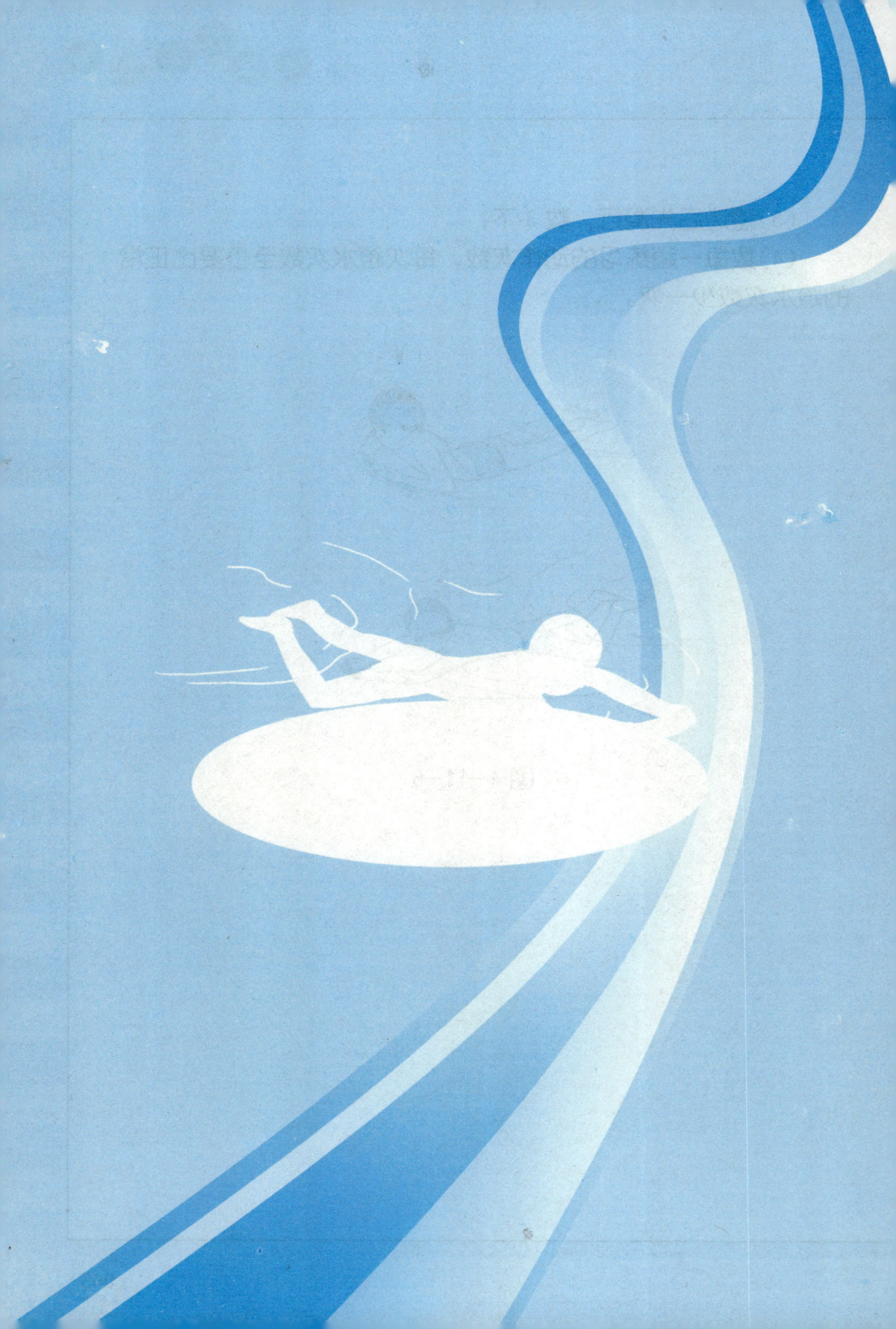

第五章 蛙泳基础战术

在比赛中运动员之间的水平如果没有太大区别，这就要利用战术来取胜。在蛙泳中运用战术的目的就是努力使自己按照本身最好的方法去游，而破坏别人的规律。比赛距离越长，战术应用越明显。蛙泳的基础战术包括个人战术和国际比赛战术。

第一节 个人战术

在蛙泳个人比赛中,运动员单兵作战,不仅要合理分配体能,还要与对方斗智,从心理上战胜对方,这就需要用到个人战术。

一、100米比赛战术

100米比赛中没有特殊的战术,因为从开始到最后都要用最大力量。

二、200米比赛战术

200米比赛中,大多数人都是先用力地游100米,然后减低速度游50米,将力量保留到最后50米。

如果运动员有很好的耐久力,可在前100米游得和其他人一样快,然后再用力游50米,冲到前面,使耐久力差的人无法赶上。

假如运动员有很好的速度,但没有很好的耐久力,战术方法是:

(1)在前100米里用较慢而轻松的速度来游,使自己落后一些,使其他人也被影响而动作略放慢;

(2)到100米以后的50米时,增加速度,使自己与其他人一样快;

(3)在最后50米用最大的速度冲到终点。

在比赛中，一般离池壁5~10米处是不注意别人而只注意转身的。如果与对方有同样的能力和速度，就可以利用这一点。在150米以前与对方一起游，接近第三次转身处，当对方只注意转身时，突然以最快的速度转身，再用最快的速度游最后50米。这样对方转身后出水时，我们已游到了前面，在速度和能力相等的情况下，别人是难以赶上的。

三、400米比赛战术

400米比赛中可用与200米比赛相似的战术，区别只在于速度较慢，距离较长。400米中最难的是第三个100米，在这一段都习惯减低速度，保存力量冲刺。

在400米或较长的距离中比赛，获胜的优良战术是想办法造成对方神经紧张，具体方法是：

(1)出发后用很快的速度，使自己比对方快一个身位，迫使对方努力赶上；

(2)到第一趟的后半段用正常的速度，让对方跟上，然后开始用最快的速度转身，使对方在这段的末尾又落后；

(3)到第三趟，不是转身以后，而是在这趟的中间加快，并且很快地转身以后前进，这样重复变换，直至对方赶不上，马上用较快的速度游，直到对方重新发力也赶不上的距离时，再用均匀的速度游；

(4)如果整个距离中都不能将对方抛下的情况下，那就要注

意使自己主动,马上用自己最擅长的方法来游,努力获得胜利。

第二节 国际比赛战术

在国际比赛中,每个项目每个国家可参加 2 名或 3 名运动员。采用的战术是为本国获得胜利,而使其中一名运动员"牺牲"自己。

例如 200 米比赛中,用最快的速度开始游前 100 米,引诱另一国家的运动员跟着快游,本国队另一运动员不跟着快游,而用自己较擅长的方法游。游完前 100 米,对方已因加速而疲劳了,我们的队员就可以获得胜利了。

正确的战术总是以运动员本身的情况和与对方的比较为基础的。如果我们是所有参赛选手中最好的,那可以不用战术,只要用本身习惯的方法就可以获胜。

需要注意的是,运动员的动作、时间和力量的分配,在训练中要按照自己的身体能力来练习,只有这样才可以达到真正好的成绩。如果只利用战术,在比赛中是很少能创造世界纪录的。

第六章 蛙泳比赛规则

没有规矩不成方圆，运动的乐趣一方面来源于运动技巧，另一方面在规则的指导下，合理规范地进行体育锻炼，可以让锻炼者得到极大的充实与满足感。蛙泳比赛要按照一定的程序，才能使比赛顺利进行，还要有裁判监督判罚，使运动员按照规则进行比赛，才能确保比赛的公平公正性。

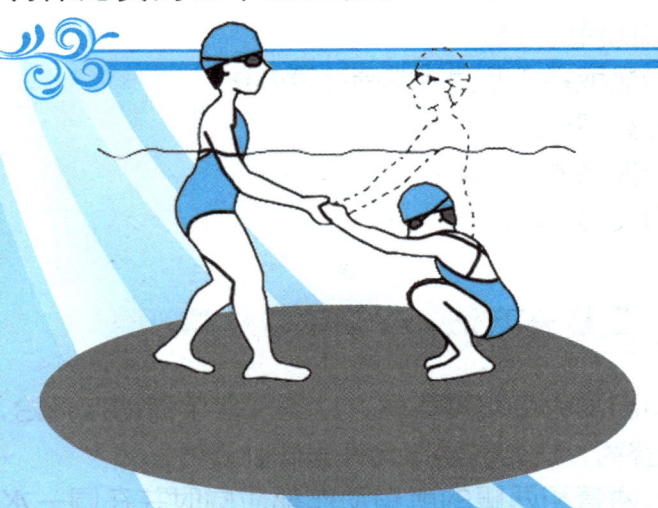

第一节 程序

比赛前,组委会须印发比赛规程,各个参赛选手应按照规程进行比赛,工作人员也应参照规程进行相关工作。

一、比赛规程

比赛规程主要包括以下几个部分:
(1)蛙泳比赛的指导思想、目的和任务;
(2)参加单位及分组办法;
(3)比赛项目;
(4)比赛时间和地点;
(5)比赛的办法;
(6)录取名次及团体成绩计算办法;
(7)竞赛规则;
(8)报名截止日期;
(9)奖励办法。

二、比赛方法

(1)出发和每次转身后,从第一次手臂动作开始,身体应保持俯卧姿势,任何时候不允许呈仰卧姿势;
(2)两臂和两腿的所有动作都应同时并在同一水面上进行,

不得有交叉动作；

（3）两手应同时在水面、水下或水上出胸前伸出，并在水面或水下向后划水，除最后一个动作外，在手臂的完整动作中，两肘不得露出水面；

（4）除出发和每次转身后的第一次划水动作外，两手向后划水不得超过臀线；

（5）在蹬腿过程中，两脚必须做外翻动作，不允许做剪夹、上下交替打水或向下的海豚式打水动作，只要不做向下的海豚式打腿动作，允许两脚露出水面；

（6）在每次转身和达到终点时，两手应在水面、水上或水下同时触壁；

（7）在触壁前的最后一次向后划水动作结束后，头可以潜入水中，但在触壁前的一个完整或不完整的配合动作中，头应部分地露出水面；

（8）在每个以一次划臂和一次蹬腿顺序完成的完整动作周期内，运动员头的某一部分应露出水面；

（9）只有在出发和每次转身后，运动员可在全身没入水中时，做一次手臂充分的向后划至腿部的动作和一次蹬腿动作，但在第二次划臂至最宽点并在两手向内划水前，头必须露出水面。

第二节 裁判

对比赛而言，裁判员合理的裁判工作是比赛顺利进行的保

证；对运动员个人而言，了解和掌握裁判规则能够使自己充分发挥技、战术水平。

一、裁判员

裁判员包括1名总裁判长和若干名裁判人员。总裁判长的职责主要全面领导及分配全体裁判员的工作，具体工作如下：
(1)赛前组织裁判员进行学习、分工和实习；
(2)赛前检查场地和器材；
(3)解决比赛过程中裁判工作的有关问题；
(4)在各项、组比赛成绩表上签字，以示承认成绩；
(5)总结裁判工作。
其他裁判人员又分为起点裁判、终点裁判、计时裁判和检查员。检查员负责查看运动员在比赛过程中是否按照规则比赛。

二、犯规与判罚

(1)运动员必须在自己的泳道内，所游姿势必须符合比赛规定，比赛中运动员转身时身体的某一部分必须触及池壁，转身必须从池壁完成，否则即为犯规，取消比赛成绩；
(2)运动员不得使用或穿戴任何有利于增加速度、浮力的器具(如手膜、脚蹼等，但可戴护目镜)，否则取消比赛成绩；
(3)不允许陪游、带游，不允许速度诱导或采取任何能起速度诱导作用的措施，否则勒令比赛重新开始或取消比赛成绩；

（4）运动员在出发信号发出之前出发，应判出发抢码犯规；

（5）第一次出发如有运动员抢码犯规，发令员召回运动员并组织重新出发，第二次出发无论哪名运动员抢码犯规（不论该运动员是第几次犯规），均被取消比赛资格或录取资格；

（6）如果比赛规程规定比赛采用"一次出发"规则，则在第一次出发时，凡抢码犯规者，都被取消比赛资格或录取资格。

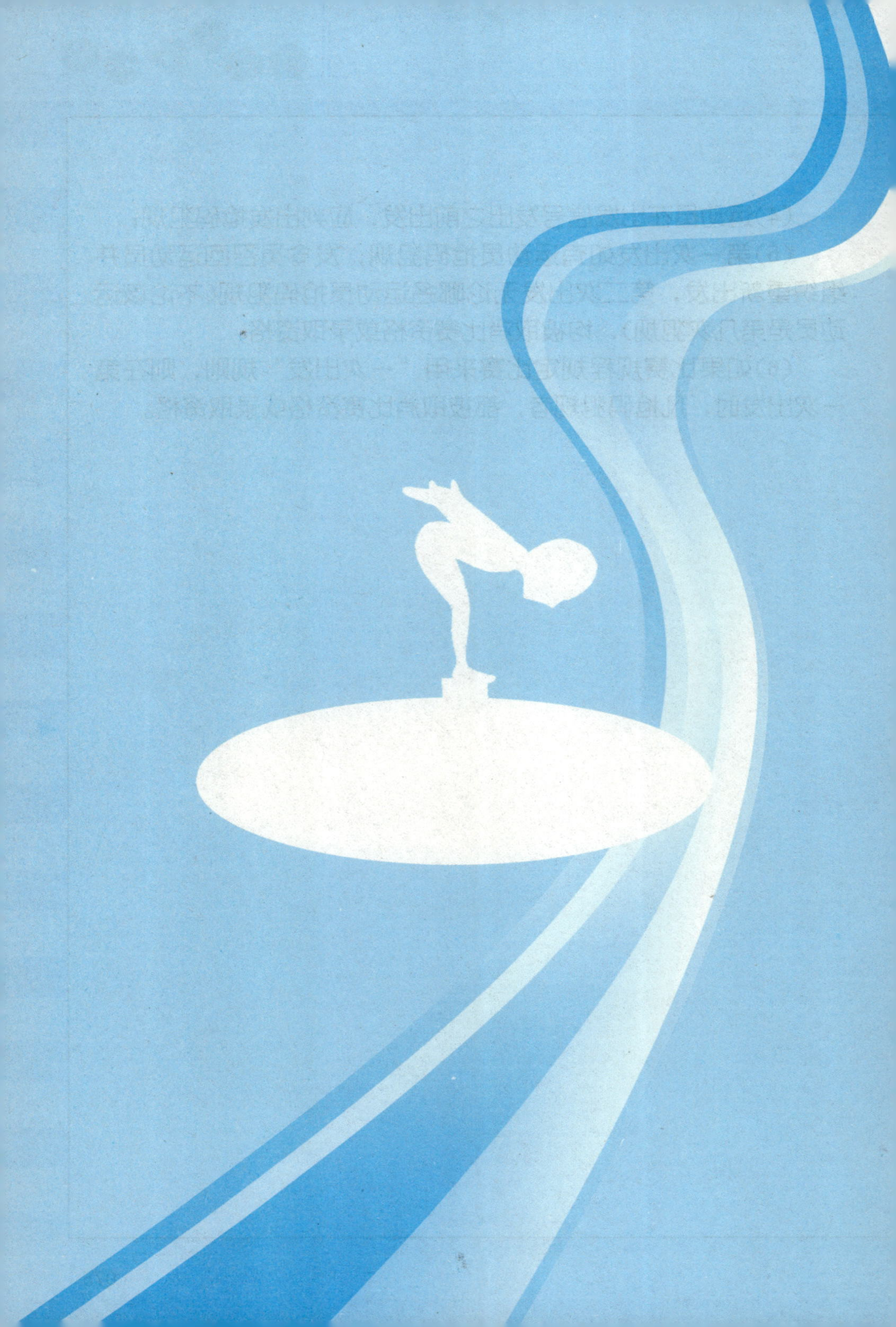

自由泳

第七章 自由泳概述

水孕育了人类的文明,它与我们的生活息息相关。人类为了生活而栖息水边,为了生存而蹚河涉水。我们发现生存与生活都需要熟知水性这一基本技能。经过不断地探索,人类创造了在水中凭借人体的浮力,并依靠两臂和两腿运动产生推动力前进这一驾驭水的技能——游泳。

第一节 起源与发展

游泳自古以来就被人们所熟知，人类的游泳活动源远流长，其产生与人类社会的生产劳动、生活娱乐及战争等紧密相连。游泳是在人类征服自然、改造自然的生产劳动中产生的，在满足人们的娱乐和竞争中发展起来的。

一、起源

早在 5000 多年前的原始社会，我们的祖先就曾依山打猎，傍水捕鱼。他们在水中捕捉水鸟和鱼类时，通过观察和模仿鱼类、青蛙等动物在水中游动的动作，逐渐学会了游泳。

（一）现代游泳运动

现代游泳运动起源于英国。17 世纪 60 年代，英国不少地区的游泳活动就开展得相当活跃。1828 年，英国在利物浦乔治码头修造了第一座室内游泳池，这种室内泳池于 19 世纪 30 年代在英国各大城市相继出现。

1837 年，英国伦敦成立了第一个游泳组织，同时举办了英国最早的游泳比赛。1869 年 1 月，在伦敦成立了大城市游泳俱乐部联合会（英国业余游泳协会前身），把游泳作为一个专门的运动项目正式保留下来。随后游泳运动传入各英属殖民地，继而传遍全世界。

(二)自由泳的起源

自由泳起源于爬泳，这种泳姿是由南太平洋所罗门群岛上的居民创造的。澳大利亚人哈里·威克哈姆大约在1893年开始采用这种泳姿。爬泳的速度最快，在自由泳比赛中它成为首选泳姿，久而久之自由泳便成了爬泳的代名词。

二、发展

在1896年雅典第1届奥运会上，男子游泳被列为9个比赛项目之一（包括100米、500米和1200米自由泳）。

在1908年伦敦第4届奥运会上，国际业余游泳联合会成立。

在1912年的第5届奥运会上，正式设立了女子比赛项目。

1952年，国际规则正式将蛙泳和蝶泳分成两个姿势进行比赛。

1953年，中国泳坛健儿吴传玉在第1届国际青年友谊运动会上，取得了100米仰泳的冠军。中国女将在20世纪90年代初创造的一系列优异成绩，使中国游泳引起国际泳坛的注意。

现代游泳运动具有强身健体的作用，在奥运会比赛中它不但可以增强一个国家的民族凝聚力，而且还是参赛运动员展示自己的一个平台。现代游泳运动正向着更高、更快、更强的趋势走下去。

第二节 特点与价值

自由泳运动强度适中,对提高身体素质和发展心智都有着积极的作用。

一、特点

自由泳运动深受大家的喜爱,相比其他运动有着自己的特点。

(一)对场地的要求相对简单

自由泳运动可在泳池中进行,也可在天然水泊中进行。

(二)适合青少年,对健身益智都有益处

自由泳的动作结构比较合理、省力、阻力小,是当前速度最快的一种游泳姿势。它可以充分锻炼身体各个肌肉群,增加肺活量,而且,通过全身各动作的配合,对身体的协调性也有很大的帮助。

二、价值

自由泳运动是一项有氧运动,长期从事自由泳锻炼,不仅可

以有效预防感冒、呼吸道等疾病，还可以提高人的心肺功能、培养人的坚强意志品质。

（一）提高心肺功能

游泳时人的胸腔和腹部都受到水的压力，胸部承受的压力为120～150牛，给呼吸带来了困难。长期的自由泳锻炼，可以使呼吸深度增加，肺活量提高。优秀游泳运动员的肺活量可达5000～7000毫升，而一般健康男子仅为3500毫升左右。

（二）培养坚强意志

现在的青少年身上存在着一些普遍的弱点，如不能吃苦，意志薄弱等。学游泳的第一步就是要克服怕水的心理，随着教学活动的进行还要克服怕苦、怕冷、怕累的心理。不良心理克服后，孩子的自制能力会得到提高，自信、坚毅、勇敢的良好品质会得到培养，守纪律、讲秩序、互相帮助的良好习惯也会形成，这些都会对青少年思想品质的培养起到积极的作用。

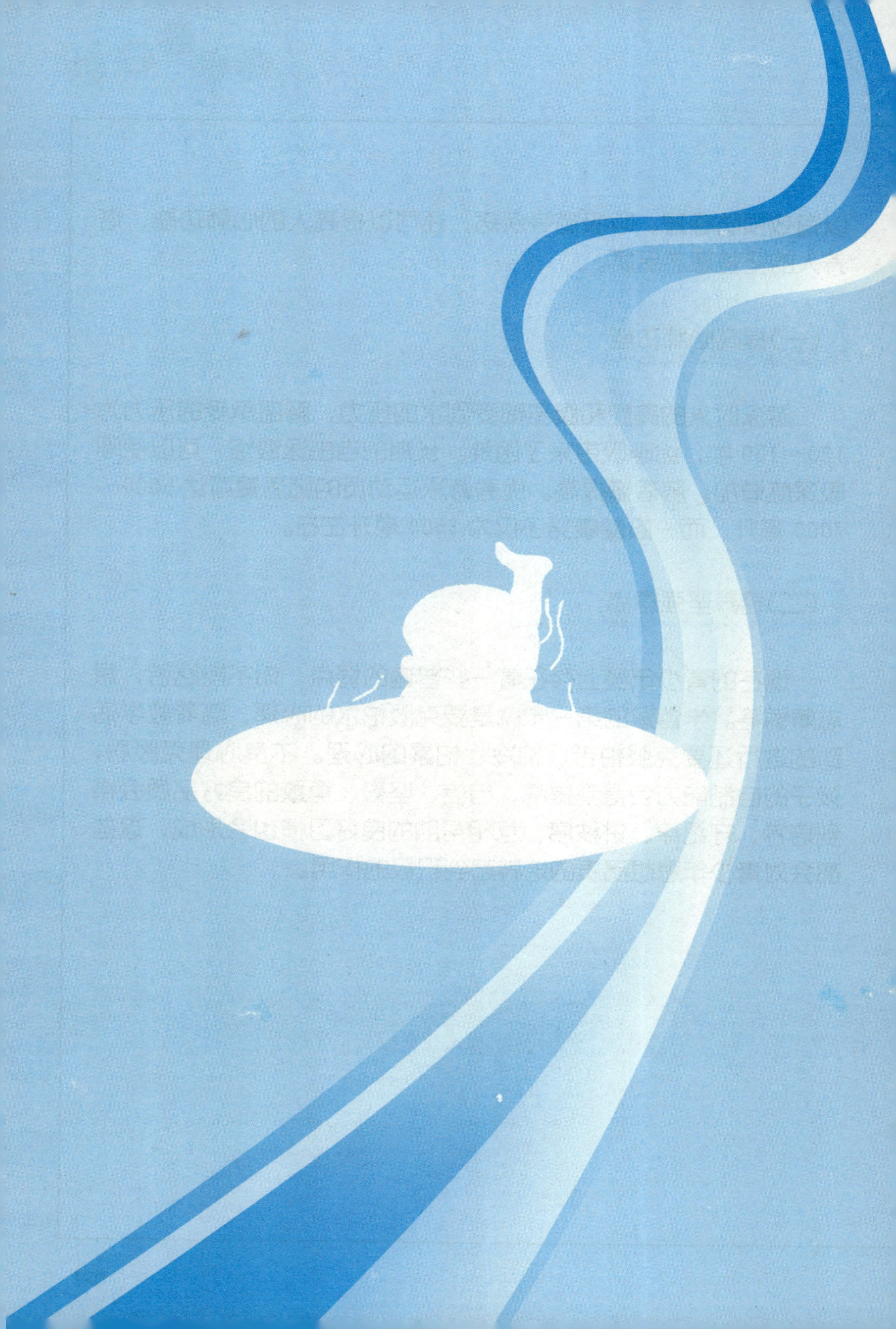

第八章 自由泳场地和装备

本章主要向大家介绍游泳场地的分类和游泳场地中一些常见设施的使用方法，以及游泳锻炼者在游泳时所需要的装备和使用方法，以便锻炼者在游泳时可以安全地进行身体锻炼和操作。

第一节 场地

游泳的场地分为室外泳池、室内泳池，以及江、河、湖、海等天然浴场，青少年应尽可能选择在室内泳池。这里主要介绍室内比赛泳池。

一、规格

游泳池长 50 米，短池 25 米，宽度不限。

二、设施

(一)泳道

泳道类似于跑道，是游泳比赛时限定选手游泳方向的水中轨道，游泳者须按自身的泳道进行比赛，不得侵入他人泳道。

(二)出发台

出发台是游泳比赛中选手们出发时的一种工具，它在泳道的起始端，起到加快出发速度的作用。

（三）扶梯

扶梯是泳池中必不可少的一项装备，它有助于增加锻炼者出入水时的安全性。

三、要求

（1）比赛泳池水深应在2米以上，非比赛泳池，水深不得少于1米，从池端1米至5米的范围内，池深至少1.2米；

（2）比赛要求室内泳池水温为27℃，室外泳池水温不低于24℃；

（3）泳道的宽度不得少于2米，第一泳道和最后一条泳道与两侧池壁的距离不少于20厘米；

（4）比赛时，池水必须保持正常水位，水面要平稳，如采用循环换水，池水不得有明显的流动或漩涡，池水要清澈，运动员可看清池底和池壁标志线（见图8-1-1）。

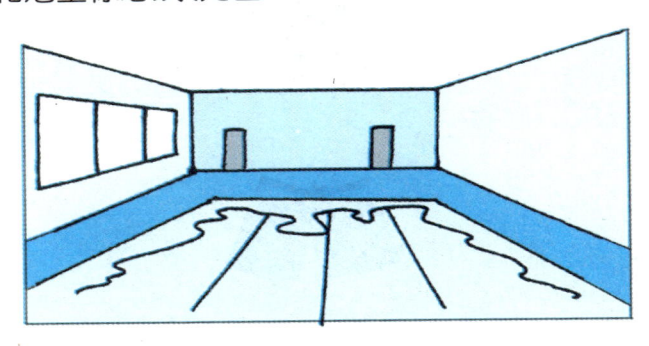

图 8-1-1

第二节 装备

　　游泳装备除泳衣、泳帽外，还包括在游泳比赛和游泳练习时所需要的水中辅助用具，如游泳帽、鼻夹、耳塞、游泳镜、游泳衣和浮体物品等。

一、游泳衣

　　选穿的游泳衣（见图 8-2-1）必须合身，泳衣太大，游泳时容易兜水，加大身体负重和阻力，影响游泳动作；泳衣太小，穿在身上会不舒服，也会妨碍游泳动作的展开。

图 8-2-1

二、游泳帽

游泳时应戴游泳帽（见图8-2-2），可以防止头发散乱，还可以防止因水质不好而损伤发质。游泳帽不能过大，如果太大很容易造成泳帽脱落。应选用有弹性的尼龙或橡胶材料制作的游泳帽。

图8-2-2

三、游泳镜

池水如果不干净，游泳时细菌很容易进入眼睛，容易导致红眼病等眼部疾病，为了预防眼部疾病，需要戴游泳镜（见图8-2-3）。对于初学者来说，戴泳镜还可以纠正在水中睁不开眼睛的毛病。

图8-2-3

四、耳塞

游泳时耳朵进水是难免的，耳朵进水后会很不舒服，严重者会引起耳部疼痛，甚至影响听力。为了防止耳朵进水，需佩戴耳塞，尤其是家庭锻炼更应如此（见图8-2-4）。

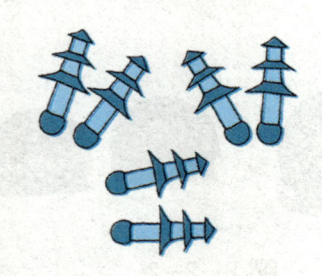

图 8-2-4

五、鼻夹

游泳时，水波会把水冲入鼻孔，引起呛水。对初学者来说，为了防止呛水，一定要戴好鼻夹（见图8-2-5）。

图 8-2-5

六、浮体物品

初学游泳者，最好准备一些浮体物品，如救生衣、泡沫塑料等，以防在水中发生溺水等意外（见图 8-2-6）。

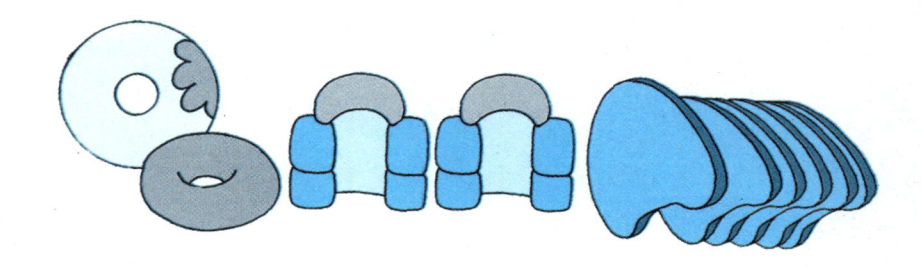

图 8-2-6

七、浴巾和拖鞋

浴巾和拖鞋是游泳者必备的用品（见图 8-2-7）。游泳者在上岸休息时，可以用毛巾擦干身体，披上浴巾，穿上拖鞋，既可以保暖，又比较卫生。在冬泳时，由于天气寒冷，浴巾和拖鞋更不可缺少。

图 8-2-7

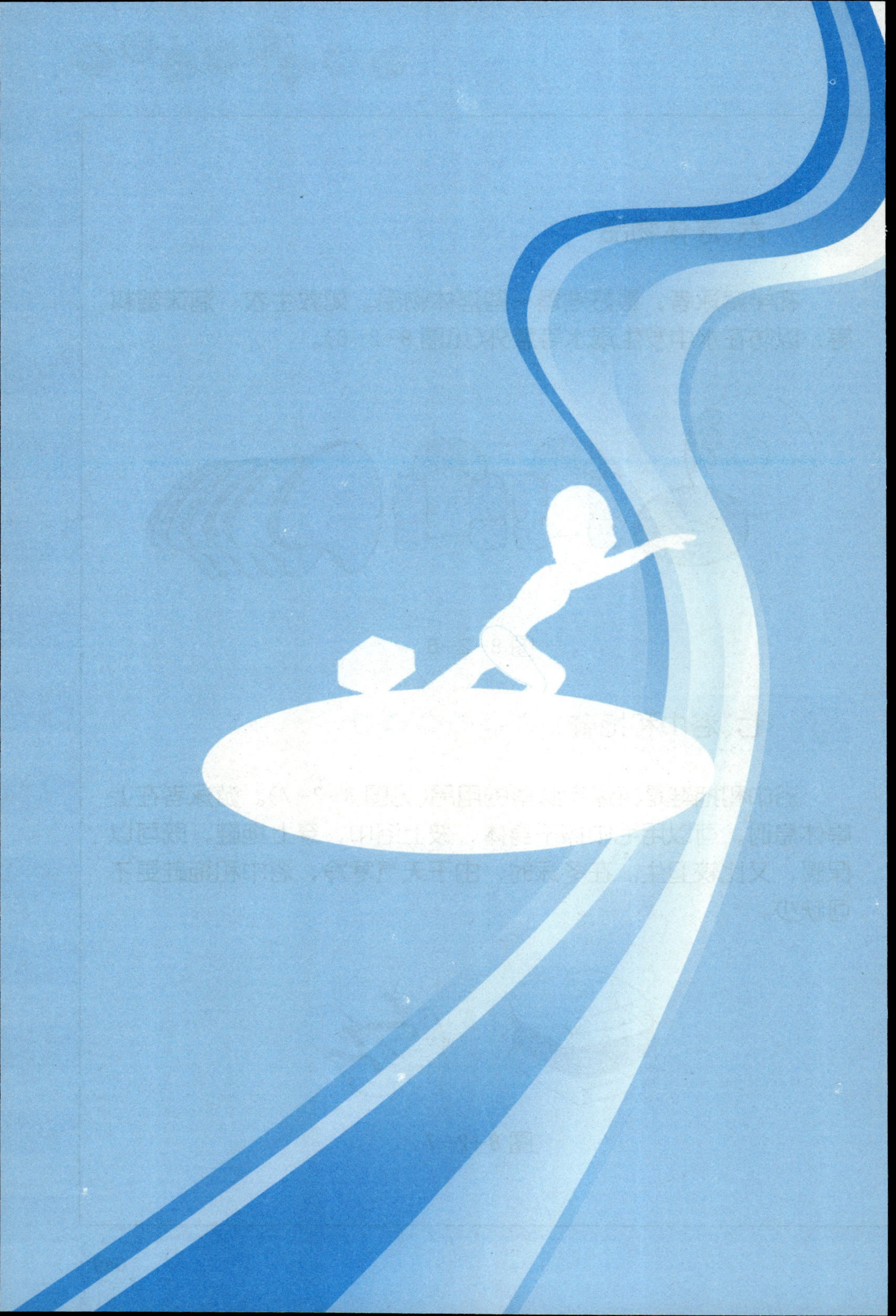

第九章 自由泳基本技术

　　自由泳基本技术是指游泳者在水中运用身体合理部位完成水中漂浮或行进等各种方法的总称。它包括水感练习、泳姿和打腿、划水与呼吸技术、完整配合技术、转身技术和出发技术等。

第一节 水感练习

人在游泳过程中,自身的许多动作无法用眼睛观察,主要靠在水中的方向感、空间感、速度感等水感来调节。水感好的游泳者在水中身体轻飘、游进流畅,动作看起来轻松自然,所以,良好的水感是学习游泳技术的前提。水感练习最好与各种姿势的技术训练方法结合进行。每次训练的准备活动后,可进行一些水感专门练习和一种姿势的技术练习。练习时先复习旧内容,再练习新内容,先练习简单内容,再练习复杂内容。每次练习的内容不要太多太杂,根据自己的水平,每个练习可重复 4 至 6 个 25 米。水感练习包括直立曲线划水、水中陀螺、浮体划水、俯浮狗刨式划水、水中行走、脸浸水和呼吸等练习。

一、直立曲线划水练习

直立曲线划水练习用来培养两手划水的协调配合能力,动作方法(见图 9-1-1)是:

(1)站在齐胸深的水中,或者用两腿夹助浮器站在深水中,两臂在身前伸展分开,与肩同宽;

(2)两臂同时向外拨水,再同时向内拨水;

(3)划水时从肘关节开始转动,应体会到手和前臂的压力,还要注意变换手的角度,手腕要始终用力。

图 9-1-1

二、水中陀螺练习

水中陀螺练习常在体会通过曲线划水，控制身体姿势时使用，动作方法(见图 9-1-2)是：

（1）在脚不能触地的深水中，两脚交叉，一臂在体前向侧前方划水，另一臂在体后向侧后方划水，并改变手的角度，使身体慢慢像陀螺那样旋转；

（2）向一个方向转几圈，然后再向相反方向转几圈；

（3）身体保持正直，两脚始终交叉并拢，头始终保持在水面之上，如果觉得吃力，可在两腿间夹一个助浮器。

图 9-1-2

三、浮体划水练习

浮体划水练习包括仰浮体侧划水练习、浮体与站立练习、抱膝浮体练习。

(一)仰浮体侧划水练习

仰浮体侧划水练习常在体会各种泳式所需要的腕部发力拨水动作时使用。刚开始练习时，可两腿夹助浮器，两脚尖搭在游泳池的池边上；动作熟练后，可改变手的角度，尝试使身体向脚的方向游进，动作方法(见图9-1-3)是：

(1)仰卧漂浮，两脚并拢绷直，腹部浮起，两臂伸直，两手在体侧髋部下面划水，使身体向头部方向游进；

(2)手臂保持伸直，注意力集中在腕部的动作上，身体姿势要平，脚绷直并浮在水面上，手快速划水。

图9-1-3

(二)浮体与站立练习

浮体与站立练习的动作方法(见图9-1-4)是：

(1)身体前倾，两臂前伸低头，蹬池底使身体展体漂浮；

(2)站立时，双臂轻轻下压或左右摸水，大腿屈膝前收，然后双腿下沉，同时抬头，脚触池底后站稳。

图 9-1-4

(三)抱膝浮体练习

抱膝浮体练习的动作方法(见图9-1-5)是：

(1)原地站立，深吸口气后闭气下蹲；

(2)低头抱膝团身，脚轻轻蹬池底，使身体漂浮于水中；

(3)站立时，两臂前伸向下压水(或左右摸水)，双腿下沉并抬头，脚触池底后站稳。

图 9-1-5

四、俯浮狗刨式划水练习

俯浮狗刨式划水练习常用于体会通过划水产生升力的感觉，动作方法（见图 9-1-6）是：

(1) 俯卧漂浮，头露出水面，肘关节保持在肩下，屈肘两手在颌下交替划水，使身体向前移动；

(2) 沿曲线向后下划水至胸下，然后屈肘，将手先上移，再前移至颌下；

(3) 肘关节应始终稳定地保持在肩下，眼睛始终露出水面，刚开始练习时可在两腿之间夹一个助浮器。

图 9-1-6

五、水中行走练习

水中行走练习的动作方法（见图9-1-7）是：

（1）扶池边向前、向后、向两侧行走，可用正常的走姿与高抬腿走对比，体会哪种阻力小；

（2）独自划水向前走、跨步跳、跑和原地向上跳等；

（3）如人较多，可排成一路纵队，后面的人扶住前面人的肩或腰向前行走，也可手拉手围成圈侧身走；

（4）在水中比赛走、跑、捉人、接力等。

图9-1-7

六、脸浸水练习

脸浸水练习的动作方法（见图 9-1-8）是：

（1）手捧水往脸上泼 20～30 次，要求嘴微张，用嘴吸气呼气，吸气不要猛，泼水结束才可抹脸；

（2）吸口气后将脸浸入水中闭气 10～20 秒，如果水质好，可睁开眼睛；

（3）扶池边或扶同伴，吸口气后闭气下蹲，将头浸入水中，停留一会儿后起立，在水面上呼气后再吸气下蹲，连续做几次。

图 9-1-8

七、呼吸练习

呼吸练习有三种方法。

（一）方法一

（1）吸口气后将脸部浸入水中，略停一会儿，用鼻子慢慢呼气，并边呼气边向前伸下颌；

（2）再吸气做下一次，要求先做 10 次，然后再做 20～30 次。

(二)方法二

（1）吸气后，闭气下蹲，用口鼻慢呼气，并边呼气边起立；

（2）随着起立呼气量加大，在口出水面瞬间加速把气呼完，并立即张口吸气；

（3）再做下一次动作，要求做 10～20 次，头不宜抬太高，下颌不超过水面。

(三)方法三

（1）吸气后上体前倾，将脸浸入水中呼气；

（2）当抬头（或向侧转）时，加速把气呼完，再张口吸气做下一次，连续做 10～30 次。

第二节 泳姿和打腿

理想的游泳姿势和打腿可以使运动员最大限度地减小阻力，增大推进力。因此，学习自由泳时，良好的泳姿和打腿习惯是十分必要的。本节包括泳姿、打腿和训练方法等。

一、泳姿

泳姿就是在游泳过程中呈现的身体姿态，动作方法（见图9-2-1）是：

（1）颈部自然伸直，头部刚好没于水中，与躯干成一线，除换气外，头部位置保持稳定，眼睛看池底；

（2）身体舒展，保持一定的紧张度，随着划水和打腿的动作节奏，围绕纵轴从一侧转动向另一侧；

（3）身体保持高、平，不要左右扭动和摆动，呈流线型；

（4）身体围绕纵轴转动时要有节奏，右手划水时身体向右侧转动，可以将右侧肩带、躯干的肌肉拉开，增加划水力量，而且有利于左臂出水移臂，向右侧吸气的动作也可以借助身体的转动轻松完成；

（5）身体转动可以增加推进力和减少游进时的阻力，而且在身体转动时进行呼吸，可以减少身体姿势的变化。

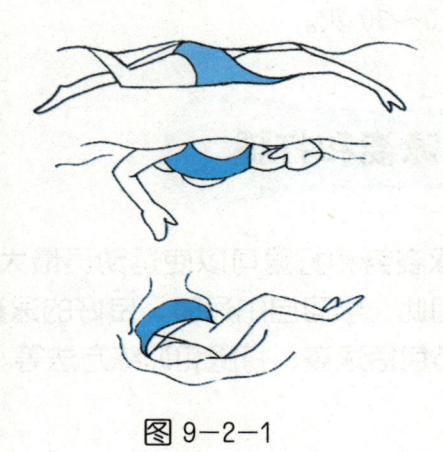

图9-2-1

二、打腿

打腿是自由泳的基础技术动作，可以维持身体的平衡，并能产生一部分推动力，特点是节奏频率快，小腿爆发力高，动作方法（见图 9-2-2）是：

(1) 膝关节和踝关节保持放松，腿的弯曲是在水的阻力作用下自然形成的，向下打水时髋关节带动大腿、小腿和脚，依次向下做鞭状打水，踝关节一定要伸直，足尖指向后上方；

(2) 大腿首先完成向下打水，开始转为向上打水，而由于惯性作用，小腿和脚依然在向下打水，使膝关节伸直；

(3) 大腿完成向上打水后，率先转为向下打水，而小腿和脚仍然在惯性的作用下向上打水，使膝关节弯曲；

(4) 两腿的打水动作正好相反，即一腿下打时，另一腿上打，这样可以使身体平衡，并形成连贯的推进力；

(5) 打腿的动作要领是：两腿略内旋，踝关节自然伸展，以髋关节为轴，大腿发力带动小腿和脚，做向上直腿、向下屈腿的上下交替鞭状打水，两脚之间距离 30～40 厘米，脚不要打出水面，但要溅起些浪花。

图 9-2-2

三、训练方法

青少年在练习泳姿和打腿的时候要掌握先陆后水、先易后难的训练原则，要根据自己的身体条件有选择地进行练习，包括池边坐撑打水练习、扶池边打水和呼吸练习、扶板打水和呼吸练习、徒手流线型伸臂打水练习、扶池边身体转动打水练习、扶板身体转动打水练习、徒手身体转动打水练习、侧卧扶板打水练习、蛙式划水自由泳打水练习和抬头打水练习等。

（一）池边坐撑打水练习

池边坐撑打水练习常作为教学手段，用来培养正确的打水技术和节奏，特点是危险性小，易于练习和掌握，动作方法（见图9-2-3）是：

（1）坐在游泳池边，将整个大腿放在水中，两手后撑，身体略向后仰，两腿伸直并拢，脚背绷直，脚趾指向对岸；

（2）两腿先慢慢交替上下打水，打水幅度约30厘米，然后逐渐加快速度，并逐渐放松膝关节。

图9-2-3

(二)扶池边打水和呼吸练习

扶池边打水和呼吸练习常用来培养正确的泳姿，维持身体在水中的平衡，动作方法（见图 9-2-4）是：

(1) 两手轻扶水槽或池边，两臂和肩前伸，身体放松，平直俯卧于水面上；

(2) 低头，使头与躯干成一条直线，眼睛看池底；

(3) 两腿上下交替打水，每打水 6 次，抬头吸气 1 次，吸气时躯干仍然保持俯卧姿势，腿不要因吸气而停止打水。

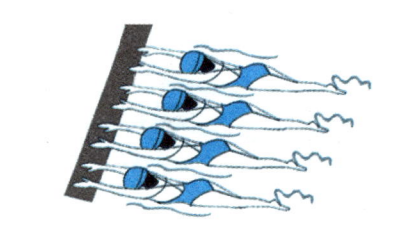

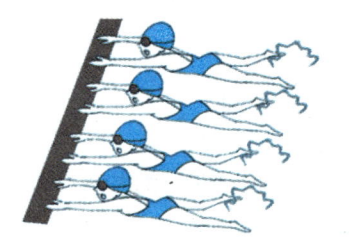

图 9-2-4

(三)扶板打水和呼吸练习

扶板打水和呼吸练习常用来提高打水能力和培养耐力,对身体的平衡性要求较高,动作方法(见图 9-2-5)是:

(1)双手扶打水板的后部,手臂前伸,俯卧在水中;
(2)低头,头部与躯干成一条直线,眼睛看池底;
(3)两腿交替上下打水,每打 6 次腿抬头吸气 1 次。

图 9-2-5

(四)徒手流线型伸臂打水练习

徒手流线型伸臂打水练习常在身体姿势保持伸展、平衡和流线型的情况下,用来提高打水效率,动作方法(见图 9-2-6)是:

(1)两臂和肩前伸,身体放松,平直俯卧于水面上;
(2)两腿交替打水,每打 6 次腿抬头吸气 1 次,吸气时打腿不能停止。

图 9-2-6

(五)扶池边身体转动打水练习

扶池边身体转动打水练习常在训练身体纵轴转动、吸气和打水技术时使用,动作方法(见图 9-2-7)是:

(1)单手扶池边,另一臂放在体侧,低头均匀呼气,身体俯卧,两腿打水 6 次;

(2)整个身体向扶池壁手臂的对侧转动,使身体呈侧卧姿势,一侧肩与髋露出水面,头与身体作为整体一起转动,使嘴露出水面吸气;

(3)保持这种姿势再打水 6 次,然后转回俯卧姿势,重复练习。

图 9-2-7

（六）扶板身体转动打水练习

扶板身体转动打水练习常在训练身体纵轴转动、吸气和打水技术时使用，动作方法（见图 9-2-8）是：

（1）一手扶打水板的尾部，另一臂放在体侧，俯卧打水 6 次，身体向前伸手臂的相对侧转动，两臂也向扶板手臂的对侧转动；

（2）转动完成后，对侧肩应尽可能露出水面，身体呈侧卧姿势；

（3）吸气后身体转回俯卧姿势，然后重复练习。

图 9-2-8

(七)徒手身体转动打水练习

徒手身体转动打水与扶板身体转动打水类似,只是不用打水板,失去了打水板的支撑功能,所以身体不容易平衡,难度较大(见图9-2-9)。

图 9-2-9

(八)侧卧扶板打水练习

侧卧扶板打水练习可用来掌握自由泳所需要的侧向打水技术,动作方法(见图9-2-10)是:
(1)单手扶打水板,手指扣住板的前沿,另一手臂放在体侧;

(2）身体侧卧在水中，扶板的手臂位于水下，另一臂和肩露出水面；

（3）两腿快速交替打水，体会前后两个方向的打水效果，想象像鱼那样摆尾游进，动作熟练后可以不用打水板，徒手做练习。

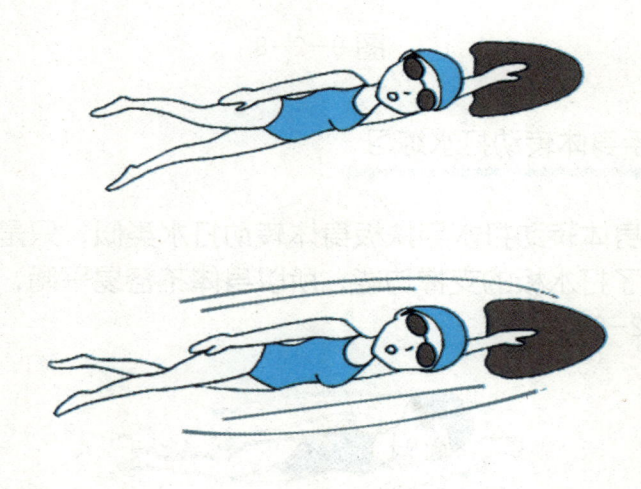

图 9-2-10

（九）蛙式划水自由泳打水练习

蛙式划水自由泳打水练习常在掌握身体位置改变条件下，保持稳定的打水训练时使用，它结合了两种泳姿，对身体协调性要求很高，动作方法（见图 9-2-11）是：

(1)两臂前伸呈流线型,身体俯卧低头,头部与身体成直线;

(2)两腿做自由泳打水动作,每打6次腿,做蛙泳划水1次,同时头露出水面吸气;

(3)露出水面时,躯干要保持一定的紧张,以防躯干和腿下沉,腿要打水加速用力,保持稳定的身体姿势。

图 9-2-11

(十)抬头打水练习

抬头打水练习常用来加强腰背肌力量,提高腿部打水力量。由于其难度较大且耗费体力,练习时间不宜过长,动作方法(见图9-2-12)是:

(1)俯卧在水面上,手臂前伸,头保持在水面上,眼睛看前方;

(2)两腿用力打水,腰背保持一定的紧张度,用力打出水花。

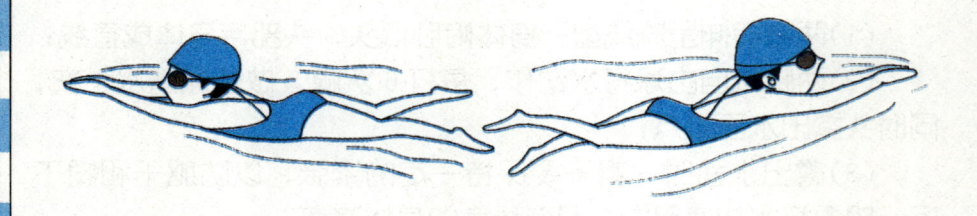

图 9-2-12

第三节 划水与呼吸技术

划水与呼吸是自由泳重要的基本技术之一。自由泳时，身体前进的主要推进力产生于手臂的划水动作，呼吸则是游泳状态持续的保证。本节介绍包括划水和呼吸技术及训练方法等。

一、划水和呼吸技术

划水和呼吸技术包括划水技术、两臂配合和划水与呼吸配合等。

（一）划水技术

划水技术包括水下划水和空中移臂等。

1. 水下划水

水下划水的动作方法（见图9-3-1）是：

(1)手入水的位置在身体中线与肩的延长线之间,以大拇指引领斜插入水,掌心向外;

(2)入水后手臂向前下伸展,展开腋窝,使手掌和前臂向后对准水,手臂像抱住一只圆桶一样抱住水,这个阶段称为向下划水和抱水;

(3)抱水后,肘关节越来越弯曲,手臂向内、向后、向上沿一个虚拟的对角线方向划水,直到前臂与身体成直角,且上臂与前臂也成直角,这个阶段称为向内划水;

(4)向内划水结束后,手臂改变划水方向,向上、向外、向后沿虚拟对角线划水,这个阶段称为向上划水;

(5)在手接近大腿时,随着身体的转动,肩已经提出水面,随后手掌向内旋转,掌心朝大腿,手像从裤袋里掏出那样以小拇指引领轻松出水;

(6)划水过程中手掌并非始终向后,而是随着划水方向的变化而变化着,手入水后向下划水,抱水时通过屈肘、屈腕动作使掌心向后下方;

(7)向内划水时掌心向内上方,向上划水时掌心向后上方;

(8)由于身体围绕纵轴转动,手臂划水的轨迹也非直接向后,而是在三维平面内呈曲线结构;

(9)划水速度在各个阶段也不尽相同,要逐渐加快,世界优秀运动员向下划水的速度约为2米/秒,向内划水的速度约为3~4米/秒,而向上划水的速度可达到5~6米/秒。

2.空中移臂

空中移臂的动作方法(见图9-3-2)是:

（1）出水后身体在转动作用下接近侧卧位，空中移臂可以轻松、自然地完成，直到手再次入水；

（2）空中移臂最佳状态是高肘屈臂，可以想象肘关节上系了一根绳子，绳子向上拉，肘关节被提起。

从侧面看，自由泳的划水动作似乎像船桨一样，只是在一个平面内向后划动。其实不然，手臂在向后划的同时，还经历了向外、向下、向内和向上的三维运动，手的划水路线类似"S"形状。

入水（大拇指领先，掌心向外下）

伸臂（身体转动，伸臂）

ZIYOUYONG JIBEN JISHU 自由泳基本技术

抱水（高肘）

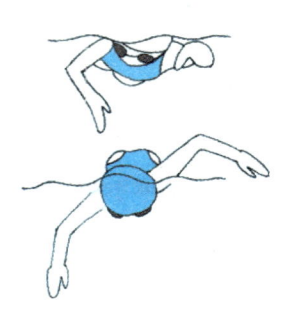

蛙泳自由泳

向内划水结束时，上臂和前臂成直角，前臂与身体成直角

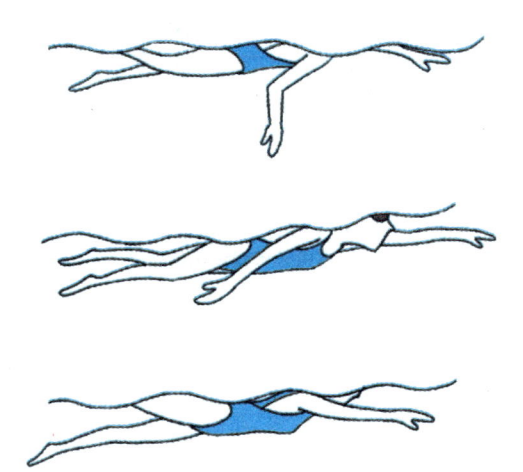

向外划水和出水

正前方看到的运动轨迹

蛙泳 自由泳

横侧面看到的运动轨迹

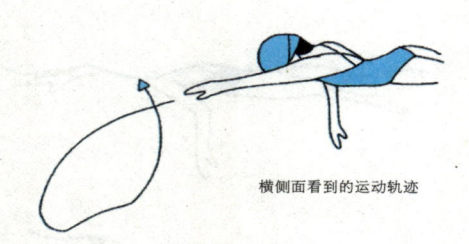

自由泳手臂划水的轨迹

图 9—3—1

116

手划一条"S"形路线

相对身体的运动轨迹

图 9-3-2

(二)两臂配合

根据两手的位置关系,两臂配合有三种基本形式,即前交叉、中交叉和后交叉。前交叉阻力小,容易掌握,但推进力不均匀;后交叉阻力大,破坏身体平衡,不提倡;中交叉介于二者之间(见图 9-3-3)。

前交叉

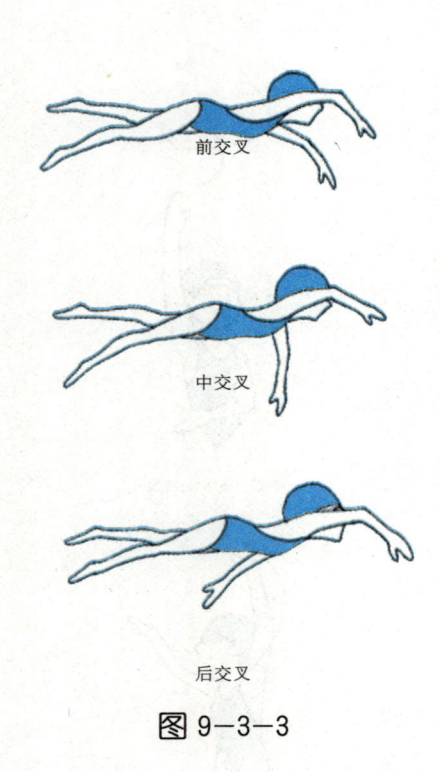

中交叉

后交叉

图 9-3-3

（三）划水与呼吸配合

划水与呼吸配合的动作方法（见图 9-3-4）是：

（1）以向右侧转头吸气为例，右手入水后吐气，右手一边划水，身体一边向右侧转动，手臂向上划水接近出水时，身体转动幅度最大，头随身体转动；

（2）此时嘴自然露出水面吸气，随着空中移臂，身体和头向左转动，头回到水中。

图 9-3-4

二、训练方法

训练方法包括单臂划水模仿练习、双臂划水模仿练习、"独木舟"式配合模仿练习、扶池边分解练习和拉链式移臂练习等。

(一)单臂划水模仿练习

自由泳单臂划水模仿练习常用于体会并掌握划水各个阶段的细节,体会划水与身体转动以及呼吸的配合,动作方法(见图9-3-5)是:

(1)站在游泳池边,一腿前伸呈弓箭步,一只手撑住膝盖,另一只手做单臂自由泳划水模仿;

(2)手入水时,注意手的入水点和以大拇指引领的入水姿势,身体转动,肩向前下方伸展,抱水时要张开腋窝,屈臂高肘;

(3)划水时,注意屈臂高肘,手随划水转动对水面角度;

(4)出水和移臂时,出水手像从裤袋里掏出,移臂高肘;

(5)两只手轮流做,待熟练后再加上与呼吸的配合。

正面

侧面

图 9-3-5

(二)双臂划水模仿练习

自由泳双臂划水模仿练习是为了掌握两臂连贯流畅的双臂配合节奏,动作方法(见图9-3-6)是:

(1)身体前倾,两臂做连贯的划水模仿练习,注意在保证每个手臂动作质量的基础上,做到连贯流畅的划水配合动作;

(2)动作熟练后加上呼吸的配合,每划水 3 次,吸气 1 次,养成两侧吸气的习惯。

图 9-3-6

(三)"独木舟"式配合模仿练习

"独木舟"式配合模仿练习有助于体会身体和肩的转动、两臂协调连贯的配合,以及身体平衡的感觉,动作方法(见图 9-3-7)是:

(1)两脚开立,上体前倾;

(2)两手轻握一根竹竿(像独木舟的桨),两臂连续做划水模仿练习。

图 9-3-7

(四)扶池边分解练习

扶池边自由泳分解练习常用于体会身体的转动、掌握划水与呼吸的配合时机和正确的呼吸技术,动作方法(见图 9-3-8)是:

(1)双手扶池边低头憋气,打腿保持身体的平衡,然后开始划水;

(2)先练习一侧手臂 5~6 次,再换另一侧手臂;

(3)打水 6 次后,划水、转体、吸气、移臂、入水,再打水 6 次,注意呼吸一定要随身体转动进行,耳朵贴肩。

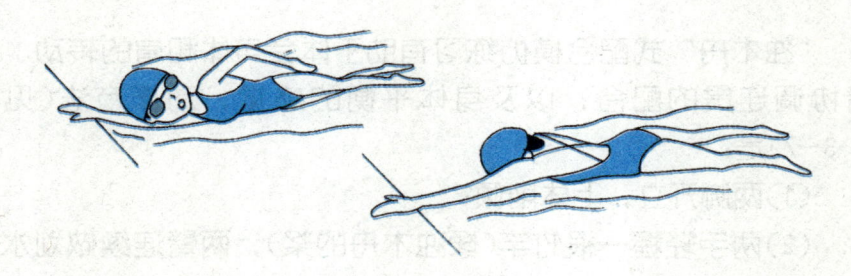

图 9-3-8

(五)拉链式移臂练习

拉链式移臂练习常用于掌握正确的自由泳高肘移臂技术，动作方法（见图 9-3-9）是：

（1）一臂前伸，侧浮打水，控制头的位置，并保持较高的肩部位置，单臂放在体侧，用手臂贴住大腿，想象拇指和食指捏住一条拉链；

（2）手臂沿着身体向上拉到腋下，拇指的指甲要始终贴着身体，并指向身体的中部，掌心始终朝上，手腕要放松，肘关节向上；

（3）手向上拉到腋下后，沿同样的路线再回到开始的位置，然后重复进行练习，两臂都要练习。

图 9-3-9

第四节 完整配合技术

完整配合技术是指在进行了熟悉水性等基础练习后而进行的整体配套练习，包括完整配合技术和训练方法等。

一、完整配合技术

完整配合技术包括两方面：首先，任何一个环节动作都不是孤立的，都要依靠全身各个部分的协调配合，例如当右手划水结束，刚刚出水时，髋关节向右转动，使身体呈流线型，同时借助躯干的力量与划水产生合力；其次，完整配合还特指在一个划水周期中与之配合的打水和呼吸的次数及节奏。

二、训练方法

训练方法包括双臂分解划水练习、单臂连续划水练习和双臂连续划水练习等。

（一）双臂分解划水练习

双臂自由泳分解划水练习常用于培养两臂协调配合的感觉和实际的控制，体会自由伸展的自由泳技术，可以使练习者有较为系统的整体练习感，便于寻找技术中的不足，动作方法（见图9-4-1）是：

（1）将左臂前伸呈流线型，右臂放在体侧，两腿打水；

（2）右肩要露出水面，目视前下方，呼气；

（3）打6次腿后，两臂同时换位，左臂划水，右臂空中移臂，直到右臂前伸呈流线型，左臂位于体侧；

（4）在打6次腿后，两臂再次换位，这样完成一个动作周期，重复练习。

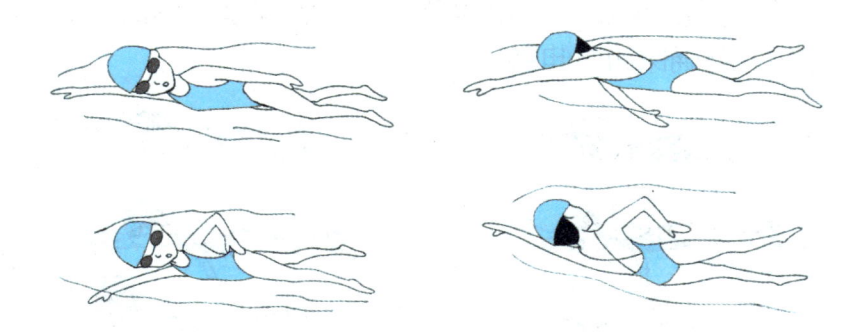

图 9-4-1

（二）单臂连续划水练习

单臂连续划水练习常用于分解练习自由泳单臂的正确技术，要求游泳者有良好的打水技术和动作控制力，动作方法是：

（1）一臂前伸呈流线型，另一臂放在体侧，前边的手臂连续做划水和移臂动作，注意肩的转动和稳定的头部位置；

（2）向划水手臂的同侧吸气，转动对侧的肩部使其露出水面，并于水面接近垂直；

（3）头和身体保持稳定位置，缓慢流畅地进行练习。

（三）双臂连续划水练习

自由泳双臂连续划水练习用于在掌握好两臂配合时机的基础上，体会对动作的控制和肩的转动，动作方法（见图 9-4-2）是：

（1）俯卧打水，一臂前伸呈流线型，另一臂放在体侧；

(2)用连贯流畅的节奏使两臂同时分别划水和移臂,动作不能有停顿,并确保动作伸展。

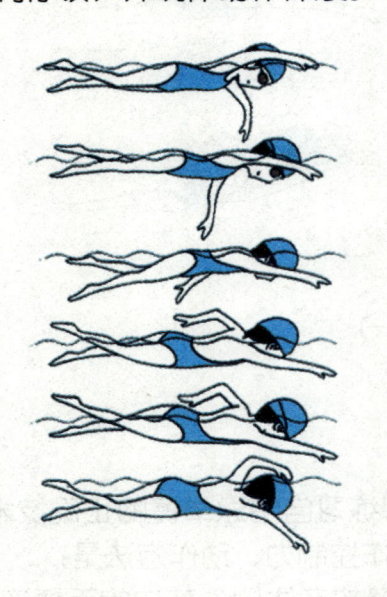

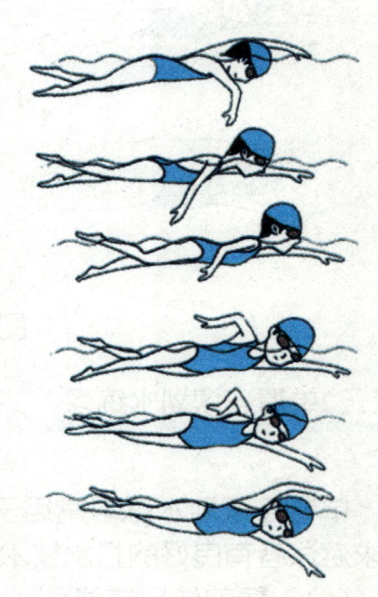

图 9-4-2

第五节 转身技术

转身是比赛中不可分割的一部分,比赛距离越长,转身次数就越多。游泳竞赛规则规定,自由泳转身和到边时可以用身体的任何部位接触池壁,因此在比赛中运动员一般都采用前滚翻转身,因为只有用脚触壁、蹬壁,才能节省时间,加快速度。初学者可以先从摆动式转身开始学习,然后再过渡到前滚翻转身。转身技术包括摆动式转身技术及训练方法和前滚翻转身技术及训练方法等。

一、摆动式转身技术及训练方法

(一)摆动式转身技术

摆动式转身技术是转身技术的基础,是初学者常用的转身动作,特点是简单实用,易于掌握,动作方法(见图9-5-1)是:

(1)游近池壁时,快速完成最后一次划水动作,一臂前伸,另一臂放在体侧,腿保持打水,直到前伸的手臂平直地接近池壁;

(2)在向前的惯性作用下,触壁的手臂略弯,身体贴近池壁,用力将上体推离池壁,两腿收紧向池壁摆,前伸的手臂与头和上体一起向与池壁相反的方向摆动;

(3)当上体摆动入水时,两手会合,同时两脚接触到池壁,躯干没入水中,两脚用力蹬离池壁,身体伸展,手足并拢,呈流线型侧卧蹬出。

图 9-5-1

(二)训练方法

训练方法包括陆地模仿练习、游近池壁和转身练习、蹬池壁滑行练习和完整练习等。

1.陆地模仿练习

陆地模仿练习的动作方法(见图 9-5-2)是:

(1)站在离墙壁 5 米处,缓步向前走,同时两手做自由泳划水模仿动作;

(2)接近墙壁时,一手前伸触壁并屈臂,身体接近池壁,摆动手臂和上体,同时用一只脚虚蹬墙壁。

2.游近池壁和转身练习

游近池壁和转身练习实际上是摆动式转身的前半部分,即从游近池壁开始，到两脚触池壁结束，这样可以减轻练习难度。

3.蹬池壁滑行练习

蹬池壁滑行练习是摆动式转身的后半部分，动作方法（见图9-5-3）是：

(1)以侧卧姿势蹬离池壁，边滑行边转为俯卧；

(2)身体滑行速度下降时打腿，身体上升到水面时划水。

4.完整练习

完整练习是将上述动作练习熟练后，从离池壁5米处开始，做完整的摆动式转身练习，包括游近池壁、触壁、转身、蹬离、滑行和起游。

自由泳配合技术有多种形式，其中6∶2∶1配合是较常见的一种，即6次打腿、2次划水、1次呼吸（见图9-5-4）。

蛙泳 自由泳

图 9—5—2

图 9—5—3

侧面　　　　　　　　正面

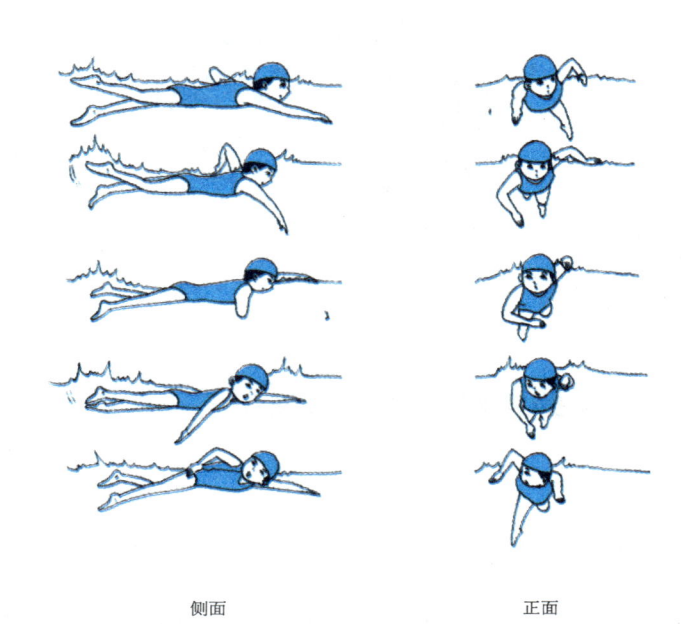

图 9-5-4

长距离时运动员为了节省体力，往往采用 2 次或 4 次打水、2 次划水的配合技术（见图 9-5-5）。

图 9-5-5

此外，还有一种多为男运动员采用的 2 次交叉打水配合技术（见图 9-5-6）。

图 9-5-6

二、前滚翻转身技术及训练方法

(一)前滚翻转身技术

前滚翻转身常作为近池壁的转身手段,特点是转向迅速,发力充分,可以分为游近池壁、转身、蹬离、滑行和起游等阶段,动作方法(见图 9-5-7)是:

(1)游近池壁,做完最后一次划水动作后,两手停留在体侧,两腿做一次海豚式打水;

(2)低头团身,向前翻滚,边滚翻,两手边向头前伸展;

(3)滚翻后头向一侧转动,身体略侧转,脚触壁时脚趾朝侧上方;

(4)触壁后立即蹬壁,此时身体接近仰卧,但略向一侧转动;

(5)蹬离和滑行过程中身体转动呈俯卧位,当身体滑行速度下降到接近游速时,自由泳打腿或蝶泳打腿,身体上升到水面时开始划水。

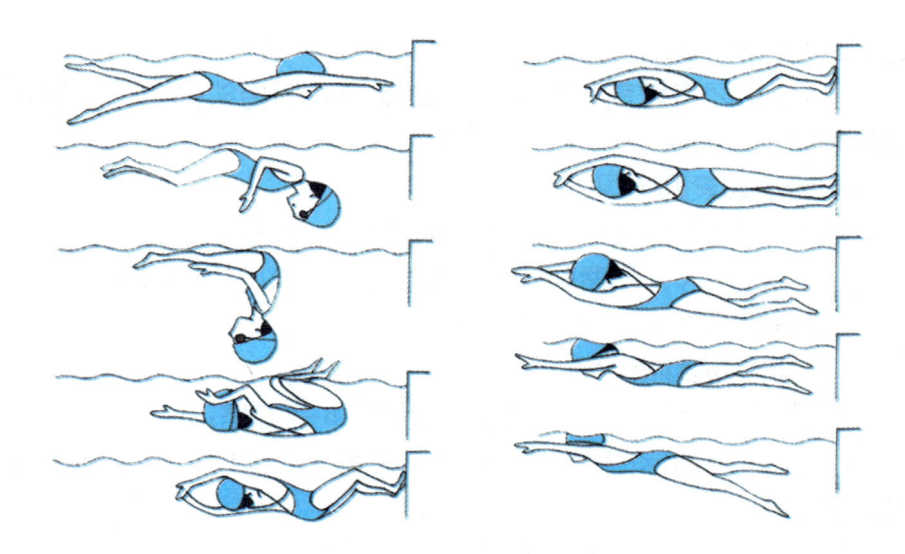

图 9-5-7

(二)训练方法

训练方法包括陆地模仿练习、蹬边滑行后滚翻练习、抓水线滚翻练习、游进中滚翻练习、滚翻及触壁练习、蹬离、滑行及起游练习和完整滚翻练习等。

1. 陆地模仿练习

陆地模仿练习是在垫子上练习前滚翻动作,最好面对墙壁练习,每次滚翻后用两脚接触墙壁。

2. 蹬边滑行后滚翻练习

蹬边滑行后滚翻练习的动作方法(见图 9-5-8)是:

(1)以流线型姿势蹬离池壁,滑行约 2 秒后,两臂同时向后

划水，两腿同时向下打水；

（2）低头团身做前滚翻动作，滚翻做完后抬头停止，注意开始滚翻时快速低头。

3.抓水线滚翻练习

抓水线滚翻练习的动作方法（见图9-5-9）是：

（1）俯卧漂浮，两臂前伸，双手抓水线，以水线为轴；

（2）身体围绕水线做前滚翻练习。

4.游进中滚翻练习

游进中滚翻练习的动作方法（见图9-5-10）是：

（1）蹬边后游自由泳，连续做5次划水动作后，低头团身做前滚翻动作；

（2）滚翻后抬头，再继续游进并练习滚翻；

（3）注意滚翻前不要吸气，滚翻动作要一气呵成，没有停顿和犹豫。

5.滚翻及触壁练习

滚翻及触壁练习是为了调整开始滚翻时身体距离池壁的距离，动作方法（见图9-5-11）是：

（1）从离池壁10米处开始游自由泳，接近池壁时做前滚翻动作，使脚接触池壁后停止；

（2）如果开始滚翻时距离池壁过远或过近，下次练习时进行调整。

6.蹬离、滑行及起游练习

蹬离、滑行及起游练习的动作方法（见图9-5-12）是：

（1）面对池壁，两手抓池壁或水槽，前脚掌贴住池壁；

（2）双手后摆，头和上体后仰，脚蹬离池壁，身体呈流线型蹬离滑行；

（3）在滑行过程中身体从仰卧转为俯卧，根据滑行速度和身体位置开始起游。

7.完整滚翻练习

完整滚翻练习是将上述动作练习熟练后，按照前面介绍的前滚翻转身技术的动作方法进行完整的练习。

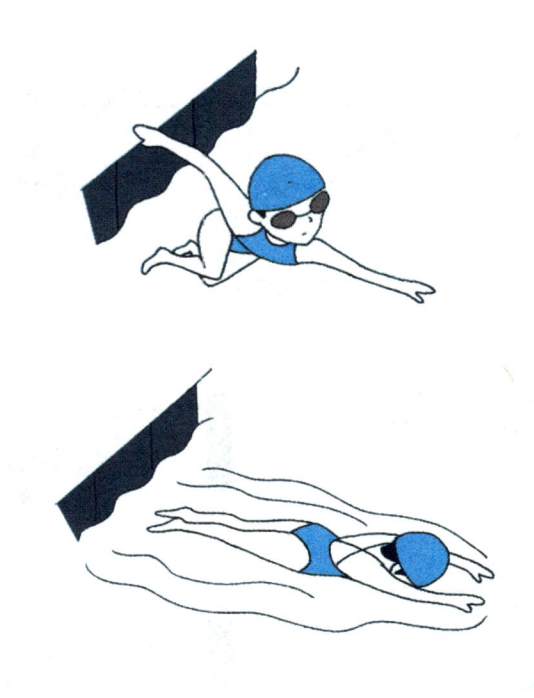

图 9-5-8

蛙泳 自由泳

图 9—5—9

图 9—5—10

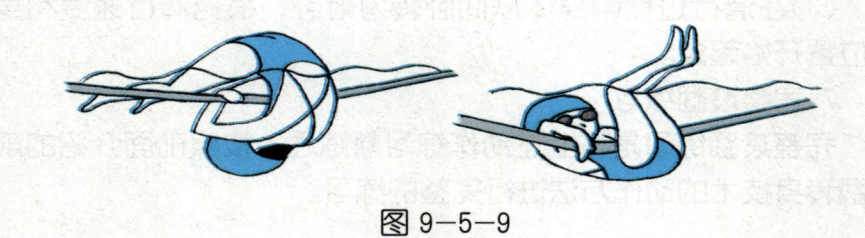

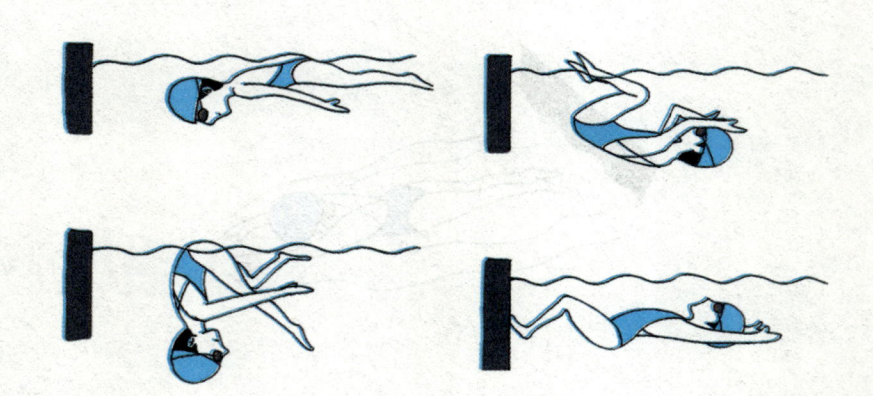

图 9—5—11

136

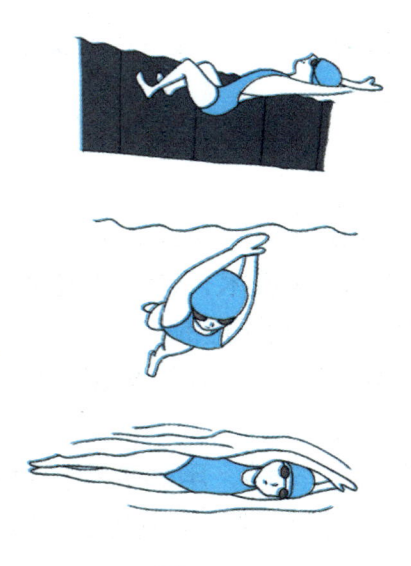

图 9-5-12

第六节 出发技术

出发是游泳比赛的开始,比赛中除仰泳在水中出发外,其他泳式都在出发台上出发。游泳比赛出发的命令是"各就位——短暂间隙——枪声或笛声"。

一、出发技术

出发技术是指游泳者在入水前,准备出发时所做出的技术动

作，包括抓台出发、蹲踞式出发和摆臂式出发等。

(一) 抓台出发

抓台出发是指在等候出发信号时，用双手抓住出发台的前缘，听到信号后入水的出发技术，常用于短距离游泳项目的比赛。其特点是推进力量大，便于控制方向和充分发力，分为预备姿势、拉台、离台、腾空入水、滑行和起游等阶段，动作方法（见图 9-6-1）是：

（1）在"各就位"的口令后，用两脚的脚趾钩住出发台的前缘，两脚分开与肩同宽，两手抓住出发台的前缘，膝关节弯曲夹角为 40° 左右，目视前下方；

（2）出发信号（一般是枪声或笛声）发出后，手臂向前上伸出，身体重心前移到出发台前面，屈膝、屈髋，身体向前下方移动，手脱离出发台向前摆动，脚蹬离时手臂在前下方伸展，目视下面；

（3）离台后，身体伸展在空中滑行，躯干越过空中最高点后，弯腰呈弓形，随即两腿上抬，身体重新呈直线准备入水；

（4）入水时，整个身体依次从手入水的那个点入水（即洞式入水），入水后身体保持流线型滑行；

（5）两手上抬，两腿做海豚式打水或自由泳打水，将身体升到水面起游。

ZIYOUYONG JIBEN JISHU 自由泳基本技术

图 9-6-1

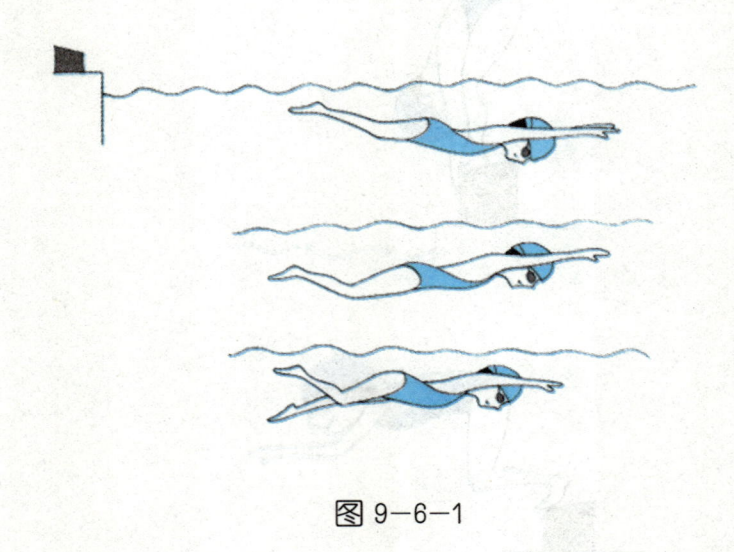

(二)蹲踞式出发

蹲踞式出发像短跑的蹲踞式起跑,常在短距离项目和自由泳比赛时使用。其特点是离台速度快,重心低,比较稳定,不容易抢码犯规,动作方法(见图9-6-2)是:

(1)预备时,一只脚钩住出发台前缘,另一只脚踩在出发台后面的斜坡上,低头,两手抓出发台前缘;

(2)出发信号发出后,手臂拉动身体向前下移动,后面的腿先蹬离,前面的腿随即蹬离,同时手臂向前摆动;

(3)离台后,身体沿弧线滑行,但滑行的弧线比抓台出发平一些，低一些，因此入水难以形成洞式入水；

（4）入水后的滑行和起游与抓台出发基本相同，只是滑行距离略短。

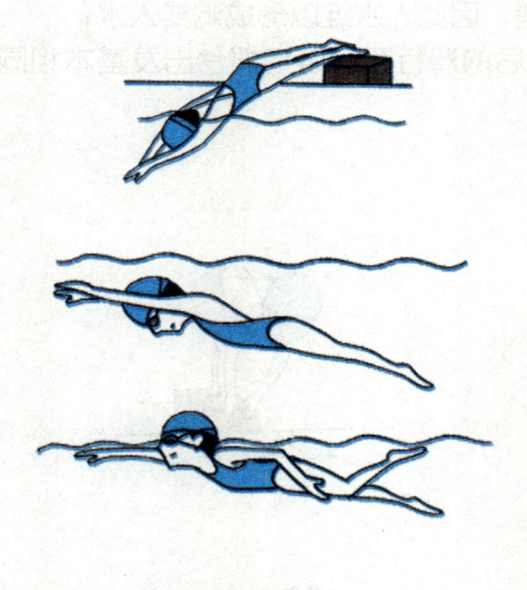

图 9-6-2

(三)摆臂式出发

摆臂式出发常用于接力比赛项目,特点是蹬离力量大,腾空距离长,但离台速度慢,动作方法(见图 9-6-3)是:

(1)预备时,两脚分开与肩同宽,脚趾钩住出发台前缘;

(2)离台前,手臂先向前摆,再向后画一个圆圈前摆,同时脚蹬离出发台;

(3)腾空、入水、起游与抓台出发相似。

图 9-6-3

二、训练方法

训练方法包括陆上模仿练习、池边跳水、出发台上跳水、出发台上蹲踞跳水和池边出发等。

(一)陆上模仿练习

陆上模仿练习的动作方法(见图 9-6-4)是:
(1)两脚分开与肩同宽,弯腰低头模仿预备姿势;
(2)摆臂向上跳起,身体呈流线型,手臂和腿都伸直并拢,身体保持正直,落回原地。

图 9-6-4

(二)池边跳水

池边跳水的动作方法(见图 9-6-5)是：
(1)两脚分开与肩同宽，脚趾钩住池边，屈膝，两臂前摆，脚蹬离池边跳入水中；
(2)脚蹬离池边跳入水中，脚最先入水，尽量跳得远一些。

图 9-6-5

(三)出发台上跳水

出发台上跳水的动作方法(见图 9-6-6)与池边跳水几乎相同,但要以抓台姿势起跳,尽量跳得远一些。

图 9-6-6

(四)出发台上蹲踞跳水

出发台上蹲踞跳水的动作方法(见图 9-6-7)是:

（1）用蹲踞式出发的预备姿势准备；
（2）重心逐渐前移，直到保持平衡时，摆臂向前跳出。

图 9-6-7

（五）池边出发

池边出发的动作方法（见图 9-6-8）是：
（1）站在池边前沿，弯腰准备；

（2）身体慢慢前倾到失去平衡，手臂前摆，蹬离地面，身体从一点入水。

图 9-6-8

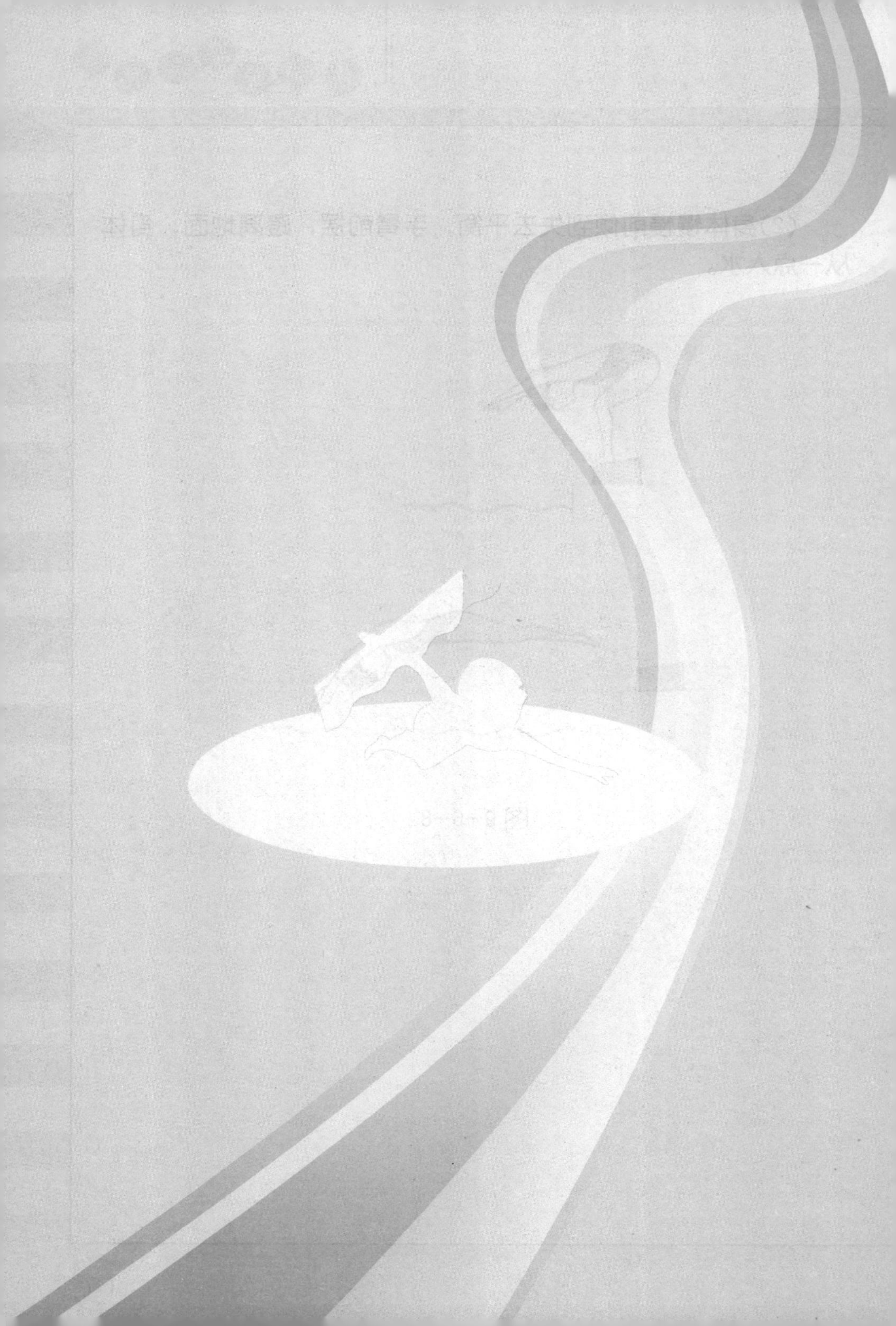

第十章 自由泳比赛规则

没有规矩不成方圆，运动的乐趣不仅来源于运动技巧，更在于在规则的指导下，合理规范的进行体育锻炼。本章介绍自由泳比赛的参赛办法、裁判的相关判罚以及常见的犯规情况。

第一节 程序

比赛程序是指参赛队员在参加比赛之前和比赛过程中，以及比赛结束时所要注意遵守的相关规则和违规处理情况。

一、参赛办法

参赛单位必须按竞赛规程和规定来确定各项参赛人数，以及每人参加的项目，并在规定的时间内报名，报名后不得更替人员或更改项目。

二、比赛方法

（一）出发

具体包括以下内容：
（1）自由泳在出发台上出发；
（2）运动员有两次出发机会，第一次如果抢跳犯规，被召回后可进行第二次出发，此次如果再抢跳犯规，将不予召回，取消比赛成绩；
（3）在比赛开始前，发令员鸣短哨示意运动员脱去外衣，长哨示意上出发台。口令为"各就位"，出发信号为鸣枪、鸣哨、电笛或口令等。

(二)计时

具体包括以下内容：

（1）人工计时、自动装置计时与半自动计时，均为正式的计时方法；

（2）人工计时方法要求每条泳道应有 2～3 名计时员。正式成绩的决定方法为：3 块计时表中，两块相同的计为正式成绩；3 块都不相同的，中间的计为正式成绩；如果只有两名计时员，应以较低的成绩为正式成绩。

第二节 裁判

学习和了解裁判方法，对于我们掌握裁判员的判罚尺度，提高比赛成绩，合理有效地运用规则会有很大的帮助。

一、裁判员

游泳比赛所需裁判员很多，需 20～50 人，分为以下岗位：总裁判长、副总裁判长、执行总裁判、技术检查员、计时长、转身检查长、终点长、编排记录长、检录长、发令员和宣告员等。

二、犯规

主要内容如下：

（1）运动员必须在自己的泳道内，所游姿势必须符合比赛规

定，比赛中运动员转身时身体的某一部分必须触及池壁，转身必须从池壁完成，否则即为犯规，取消比赛成绩；

（2）运动员不得使用或穿戴任何有利于增加速度、浮力的器具（如手膜、脚蹼等，但可戴护目镜），否则取消比赛成绩；

（3）不允许陪游、带游，不允许速度诱导或采取任何能起速度诱导作用的措施，否则重新开始比赛或取消成绩。